KAWAII BIBLE

Popteen特別編集

可愛い女のコって、
しぐさとかも洗礼されてる。
ただぼーっとしてるだけでも
女性らしいというか。
何考えてるんだろうって、
ついつい見ちゃう。
姿勢がすごくキレイだったり、
言葉づかいが上品だったり、
内面から出てくるもの
だと思うの。

Profile
あさき●韓国の人気通販ブランドchuuの専属モデル。同ブランドのランジェリーモデルとしても有名。Instagram:@chuu_asaki

私も実際はコンプレックスだらけ。でも、韓国を好きになって、Beige chuuに出会ってメイクも180度変わって自分に似合うメイクを見つけられた。

自分の好きな格好をするだけで気分があがる。
好きなメイクをして好きな服を着て…
人の目を気にしたり、男のコにモテたいからとか
そういうんじゃなくて、自分が好きなものを身につける。
カンペキな状態で好きな音楽を聴いて電車に乗って…
すっぴんで部屋にいるときよりぜんぜん楽しい。
気取って出かけるくらいのほうが、女のコは輝いて見える。

From asaki.

女のコにとって、メイクは
"なんにでも変身できるもの"

きょうはどのコスメを
使おうかな？って
選んでいる時間が好き

"可愛い"を日々更新して、

なりたい自分に近づく。

CONTENTS ♥

- **002　Special it girl ♥**
  chuuモデル・あさき COVER GIRLインタビュー

- **008　Special Make-up**
  Chuuモデル・あさき × beige chuuでつくるトレンド4変化メイク

- **020　Capter 1　理想の自分になるために…「なりたいイメージ別メイク」**
  - 022　イマドキGALメイク
  - 026　ヌケ感カジュアルメイク
  - 030　映えるガーリーメイク

- **034　Capter 2　可愛くなれる♥「パーツ別メイクレシピ」**
  - 036　愛され肌のための毎日&スペシャルケア
  - 038　スキンケア
  - 044　ベース
  - 050　アイメイク
  - 064　リップ
  - 042　透明感girlのつくり方♥
  - 048　本物のふたえは寝ている間につくる
  - 062　黒髪でもあか抜ける本命カラコン×オトナメイク
  - 070　リップとカラコンで印象チェンジ！

- **072　Capter 3　チョアヨ♥ メイクで韓国ガールになる方法**
  - 074　ツヤ肌が主役のオルチャンメイク
  - 076　超日本人顔でもオルチャンっぽくなれるテク
  - 078　インスタ映えするオルチャンメイクHOW TO♥
  - 080　有名オルチャン風シースルーバングのつくり方

- 082 **Capter 4** 春、夏、秋、冬…季節ごとにメイクもアップデート♥
- 084 キラキラふわふわ♥ Springメイク
- 086 太陽よりまぶしい！ Summerメイク
- 088 強めな女らしさ♥ Autumnメイク
- 090 ビターでおいしそう♥ Winterメイク

- 092 **Capter 5** メイクの完成度が上がるヘアアレンジ LESSON
- 093 ガーリー × 予定別
- 094 カジュアル × 分け目印象
- 095 GAL× 前髪アレンジ
- 096 夏盛りヘアアレンジ見本

MORE KAWAII!!!

- 100 プチプラコスメだけで♥ 2way 別人顔メイク
- 104 メイクの〝基本のき〟教えます♥
- 110 「あざとすっぴんメイク」で学校でもキラキラ♥
- 112 登校まえのひと手間美容テク
- 114 校則すり抜けメイク

- 116 **Capter 6** 人気モデル8人のコンプレックスをカバーするセルフメイク術♥
- 118 ねお　　119 鶴嶋乃愛　　120 生見愛瑠　　121 香音
- 122 浪花ほのか　123 中野恵那　124 筒井結愛　125 莉子

- 126 FASHION CREDIT & SHOP LIST

本書にはPopteen 2017年10月号〜2019年3月号に掲載された記事を一部再編集して収録あります。本誌に掲載されている商品は、現在販売されていないものや、パッケージのリニューアル、製品名が変更になったものも含まれている場合があります。また、本誌掲載商品の価格は、2019年4月現在の税込価格(8%)で計算したものになりますのでご了承ください。

eye

1 深みのあるカラーをON
テラコッタカラーのシャドーを、大きめのブラシに取りアイホール全体に塗るよ。

BEIGE CHUU #227 MAHOLLET NUTS ¥1755／beige chuu

2 目尻を引きしめる
下まぶたは、1と同じシャドーをチップに取り、目尻のキワのみを塗るよ。

3 さりげなくツヤをプラス
目頭のみ、ラメたっぷりのアイシャドーパウダーをON。目元のツヤ感がこれでUP。

BEIGE CHUU PERIWINKLE PEARL POWDER #265 PIENNE CORAL ¥2420／beige chuu

lip&cheek

1 ブラウンカラーをON
チークは、リップを使用。ほおの高めの位置に、指でトントンとのせるよ。

BEIGE CHUU WEAR FIT LIPSTICK #126 ANER BLOWN ¥2416／beige

2 ワントーンに仕上げる
リップはじか塗りで、唇全体にON。ナチュラルだから、重ね塗りして発色よくさせて。

オルチャンメイク

ツヤ感＆透明感のある オトナな韓国フェイス

オルチャンメイクに欠かせないのが目元のツヤ感。たっぷりのラメで囲んで、リップ＆チークはワントーンでそろえるのがオトナ。

フレッシュなオレンジメイクで
日差しが似合う女のコ♥

カジュアルメイク

カジュアルコーデに映えるのはオレンジを中心としたメイク。
FANFANDUCKとのコラボアイテムは、パッケージも可愛すぎ♥

eye

1 ブラウンラメでキラめきを
いちばん左のベージュを下地としてアイホール全体に塗り、いちばん右の色を重ねる。

2 タレ目っぽく見せるよ
左から3番目のマットブラウンといちばん右のラメブランを混ぜて、下目尻にON。

使えるマットとラメのMIX。FANFAN CHUU EYESHADOW PALETTE
¥3780 ／ beige chuu

cheek

1 横広に入れてカジュアルに
ふんわりオレンジカラーのチークをパフに取り、ほおの中心から外側に広めに入れる。

見た目どおりの発色が出るよ。
FANFANCHUU BLUSHER
#334 ¥2030 ／ beige chuu

lip

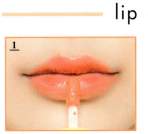

1 オレンジでフレッシュ感を
オレンジのティントを唇のリンカクどおりに、全体にたっぷり塗るよ。

FANFANCHUU LIP TINT KIT
#147 ¥1760 ／ beige chuu

2 ピンクでジューシー感を
ピンクのティントを、唇の中央部分のみにぷっくりするように塗り、グラデをつくる。

FANFANCHUU LIP TINT KIT
#146 ¥1760 ／ beige chuu

ORANGE MAKE

eye

1 ぬれまぶたを演出
うるうるのリップバームを手に取り、指でまぶた全体にベースとして塗るよ。少量でOK。

リップだけじゃなく、目元にも使えるよ。
BEIGE CHUU #190 LIP BALM
¥650／beige chuu

BEIGE CHUU PERIWINKLE PEARL POWDER #267 BESTIE PINK
¥2420／beige chuu

2 グロスの上にシャドーON
パールシャドーを、直接3点まぶたに置くよ。そのまま塗ってしまうとベタつくので注意。

3 ツヤ感あるピンクの目元に
2で塗ったシャドーを、指でトントンしながらまんべんなく広げてのばしていく。

4 涙袋をぷっくりさせる
2で使ったシャドーを涙袋にもON。目頭から黒目下まで塗り、あとは指でのばして。

cheek

1 ふわっとピンクをON
ほんのりピンクのチークは、ほおの高い位置に、だ円形にふんわりのせていくよ。

女のコらしくなれるカラー。FAN FANCHUU BLUSHER #334
¥2030／beige chuu

lip

1 ボリュームのあるリップに
リップは唇全体にたっぷりON。上唇はオーバーめに塗って、よりぷっくりさせるよ。

BEIGE AMPOULEGLOTINT #135 WHAT THE PINK
¥2416／beige chuu

\URUTSUYA/

ガーリーメイク

女のコらしくいたい日は、ピンクを使って甘フェイスに。
子どもっぽくなりすぎないよう、淡いくすみピンクを使うのがポイント。

切れ長な目元と鮮やかな
赤リップでヌケ感あるGALに

GAL メイク

GALメイクに欠かせないのはアイラインとリップ。
イマドキGALメイクは、
マットすぎずツヤ感もプラスして、
女っぽさを意識して。

eye

ピーチ色を ON ♥
ゴールドパールが入ったシャドーを、指でふたえ幅全体に塗るよ。ムラなくていねいに。

高発色で密着力バツグン。BEIGE CHUU #207 SUNSET PEACH ¥1755／beige chuu

ラメ感をプラス
ブラシで下まぶた全体にシャドーを塗るよ。とくに目尻のキワには濃いめにのせて。

シルバーパールがMIX。BEIGE CHUU #214 SOPHISTY PEACH ¥1755／beige chuu

切れ長目を演出
アイラインは目のキワにまつ毛のすき間を埋めるように。目尻はハネ上げぎみに描くよ。

ブラウンだからなじみやすいよ。BEIGE CHUU PENCIL EYELINER ¥1760／beige chuu

lip

ラフに指塗りするよ
リップを指で手に取り、ポンポンとラフに塗るよ。外側にボカしながら塗ってね。

塗り方で色を調節して。BEIGE CHUU WEAR FIT LIPSTICK #129 ¥2416／beige chuu

IMA DOKI GAL♡

あさきチャンの ルーティーンスキンケア

白くてキレイ！

お肌がよろこぶことを、日々心がけてるよ♥

白くて透明感のあるもっちりとしたあさきチャンのお肌。ふだん、どんなスキンケアをしているのかこだわりを教えてもらったよ♥

Asaki's Skin Care

寝るまえもメイクまえもクリームで保湿するよ

肌のキメにそって塗ると、水分がUPするよ。BEIGE CHUU #505 CREAM ¥2680／beige chuu

500円玉くらいの量をほおにつけてのばすよ

肌全体になじませ手のひらで浸透させる

「このクリームは肌が荒れにくくなって、すごいキレイになるの。メイクまえに塗ると肌がぷるぷるになって、密着力もUPして化粧ノリがよくなるよ」

水分オイル80％のリップでつねにツヤツヤな唇に

マルチに使えるリップバーム。BEIGE CHUU #190 LIP BALM ¥650／beige chuu

リップの下地としても使える万能なバーム

「寝るまえにはもちろん、リップを塗るまえの下地として使ったり、リップの上から重ねてグロス代わりに使ったり。欠かせないよ」

洗顔後はすぐに化粧水をたっぷり♥

乾燥知らずで敏感肌にもぴったり。BEIGE CHUU #501 TONER ¥1330／beige chuu

コットンにひたひたになるくらい浸すよ

やさしく顔全体に染み込ませるように

「指の幅全体に中指と人さし指でコットンをはさんだら、全体に化粧水を染み込ませる。強くこすらず、軽い力で肌になじませていくよ」

なめらかな肌になるクリームでツヤ肌に

脚をキレイに見せるレッグケアクリーム。BEIGE CHUU 5KG SKINNY CREAM ¥2370／beige chuu

マイナス5kg見えする脚集中クリームで全身保湿

「脚集中ケア用だけど、全身に使えるよ。透明感も出てツヤ肌になるし、保湿効果もバツグンだし細見えするよ」

アルカリイオン水をたくさん飲んでるよ

ジュースは飲まない！お水は買いだめしてる

「お風呂あがりとか、朝起きたときとかコップ1杯必ず飲むよ。スーパーで売ってる青いキャップのアルカリイオン水を買ってる」

Chapter 1

理想の自分になるために…

なりたい

》**GAL**
》**CASUAL**
》GIRLY

イメージ別メイク

〝自分はこういうメイクしか似合わない〟なんて決めつけないで、
その日の気分や着たい洋服に合わせて、いろんな自分になろう♥

つけまなしで盛る♥

イマドキGALメイク

とにかく濃く＝GALはもう古い！　令和のGALは目元を引き算して
ヌケ感をつくるのが新ルール♥

マスカラ
重ねづけで
ハーフGAL

全体の色みはブラウン〜オレンジで肌
なじみよく。パッチリ目には見せるけど、
やりすぎない感が大事！

パッチリ×
うるうるの瞳で
モテGAL

大きな瞳を強調するためにピンクで色
みはセーブ。ラメでキラキラ感を足せ
ば無敵のオーラを発揮♥

Point 01　GALっぽい「メイクした感」は眉毛でつくれる!

目の印象を強くするためには眉毛をしっかり描いて。ちゃんとメイクした感が出るよ♥

眉毛描くまえ

眉毛描いたあと

地眉はしっかりあるけど、色が髪色とちぐはぐでGALっぽさなし。眉毛を描いたら、目がはっきり!

眉毛の上下を描き足す
眉パウダーをブラシに取って、眉毛の上下のリンカクを描き足して全体の太さを出す。

眉マスカラで毛流れを整える
眉マスカラは、ブラシをスッスッと上に動かすようにして色をのせ、毛流れを整えよう。

Point 02　インラインで目をパッチリさせてGALっぽく強調

まつ毛が密集しているかんじを出すのには、インラインがポイント! 目がパッチリする♥

まつ毛が密集してるように見せられる!

インラインなし

インラインあり

しっかりマスカラは塗っているのに、インラインなしだと根元がスカスカに見えちゃう!

インラインがあれば、マスカラは足してないのに根元から濃くなったような印象に♥

まつ毛の下側からインラインを描く
まぶたを軽く引っぱりながら、まつ毛の下側からペンシルライナーをあててラインを引く。

まつ毛の上からラインを整える
まつ毛の間を埋めたら、最後に上からスッと細いラインを引くと仕上がりがキレイに!

Point 03　下地&マスカラでGALっぽいつけま級まつ毛に変身!

つけまつ毛を使わなくても、下地とマスカラをしっかり重ねればGALまつ毛がつくれる!

まつ毛の根元を上げる
まず最初に、まつ毛の根元をビューラーではさみ、ぐっと上向きになるようにしっかりと上げる。

毛先まで角度をつける
ビューラーを少しずつ毛先にズラしながら、少しずつまつ毛を上げる。これで自然なカーブに!

マスカラ下地を塗る
マスカラ下地をまつ毛の下側からスッと上に持ち上げるようにして塗る。長さが出るよ!

マスカラはジグザグ塗り
マスカラを根元にジグザグと塗ってからスッと上にのばす。ボリュームも長さもアップするよ♥

Point 04　華やかにしたいときはツヤとカラーでGALっぽくする!

まつ毛が濃くなくてもツヤとカラーが華やかならしっかりGALっぽくなれるよ!

目元にツヤ
アイホールにツヤ
ベージュピンクシャドウをブラシでアイホールに薄くのばし、色とツヤをON!
サテン フィットアイズ PK001 ¥702／エチュードハウス

肌にツヤ
ハイライトカラーをのせる
クリームタイプのハイライトを指に取り、目の下のCゾーンにポンポンとのせて。
エチュードハウス プレイ 101 スティック #10(販売終了)／モデル私物

ほおにツヤ
指で横長につける
クリームチークを指に取り、ボンボンと鼻横からほお骨にそって、だ円形にのせて。
ケイト CC リップ&チーククリーム N01 (販売終了)／モデル私物

唇にツヤ
じか塗りでぷっくり♥
リップカラーをチップでじか塗りしてしっかりと発色させて。ぷっくりした華やかな唇に。
スウィーツ スウィーツ リップ&チーク ティントオイル 02 ¥918／シャンティ

パッチリ地まつ毛と
立体メイクで
つけまがなくても
ちゃんと盛れた♥

#ハデGALメイク

眉毛を太くしてまつ毛はしっかりカール！
色で華やかさを出せばハデGALに!!

GAL＋なりたいイメージ別に〝つけまなし〟は対応♥

目もほっぺもリップも
全部ピンクが
可愛いの♥

#オルチャンGAL

目にもチークにも同じサーモンピンクを使うとガーリーなオルチャン風のメイクに♥

カラーレスで
ツヤっぽくすると
外国人っぽい
仕上がりに！

#ハーフGAL

ハーフっぽくなりたいときは、色をあえて使わずにツヤ感を強調するのがポイント！

眉毛を太くする
細めのストレート眉を太めのゆるいカーブ眉にチェンジ！

全体に色をのせる
ブラシの太いほうで明るい2色を混ぜて、眉毛の毛流れにそって全体に色をのせていく。

下ラインを描き足す
明るい2色を混ぜて、眉毛の下側のラインを描き足して、ゆるやかなカーブの眉毛に。

しっかり色づくのにナチュラルな仕上がり！ レブロン カラーステイ ブロウ メーカー #001 ¥1404／レブロン

シャドーとマスカラで目を強調
目元はブラウン系のシャドーを使って立体的に。まつ毛もくりっと上げて強調する！

use it

A 時間がたってもふたえのみぞにたまらない♥ スウィーツ スウィーツ スパークリングアイグロス 01 ¥972／シャンティ B 宝石みたいなキラキラ感のあるシャドー！ キス デュアルアイズ B 02 ¥1188（2/21〜発売）/KISSME（伊勢半） C 黒より強くないから目元がやさしく♥ ヒロインメイク スムースリキッドアイライナー スーパーキープ 02 ¥1080／KISSME（伊勢半） D 下地とマスカラがセットになっているからこれを1本使うだけでまつ毛に存在感が出る。ケイト グラマラスラッシュ ¥1512（販売終了）／モデル私物

ベースシャドーを塗る
Aのクリームシャドーを指に取り、アイホール全体に薄くのばしてツヤ感を出す！

パウダーを重ねる
Bの上側の薄いブラウンシャドーをブラシでアイホール全体に重ねてしっかり発色させる。

キワを引きしめる！
Bの下側の濃いブラウンを細いブラシでふたえ幅に入れてまつ毛のキワを引きしめる。

アイラインを描く
Cのブラウンライナーでまつ毛のキワに細くラインを引く。まつ毛が密集してるように見えるよ！

ビューラーをする
まつ毛の根元から毛先にかけて、ビューラーで少しずつ上げて自然なカールをつける。

マスカラ下地を塗る
Dの上側のマスカラベースをスッスッとまつ毛を上にのばすようにして塗っていこう！

マスカラを重ねる
Dの下側のボリュームマスカラを根元からジグザグ塗ってからスッと上にのばすように塗る。

025

use it

A クリームなのに軽い塗り心地！ 立体的になるよ。キャンメイク クリームハイライター 01 ¥648／井田ラボラトリーズ B ほてったようなガーリーなほっぺに！ キス パフチークス 02（販売終了）／モデル私物 C オイル配合でうるうる♥ リップリッチ ビビッドティント PK003 ¥1404／エチュードハウス

use it

A ゴージャスな輝き。レブロン カラーステイ クリーム アイ シャドウ #725（販売終了）／モデル私物 B 肌に密着して自然に引きしめ。セザンヌ シェーディングスティック マットブラウン ¥648／セザンヌ化粧品 C 極細ラインが描ける。スーパースリム プルーフジェルペンシルライナー チョコブラウン ¥918／エチュードハウス D なじみカラーだからハーフっぽく。レブロン ウルトラ HD マット リップカラー #690 ¥1620／レブロン

1 アイホールにチークを
Aのアイシャドウベースを塗ったあと、Bの下側のチークを指でアイホールにのせる。

2 下まぶたにも ON！
Bの下側のチークを細めのブラシに取り、下まぶた全体に細く入れて囲み目にする。

3 チークは横長に
Bのチークを2色混ぜてパフで黒目の下からこめかみのほうまでに円形にのせる。

4 グロスでぷっくり
Cのティントグロスをじか塗りして唇全体をしっかりサーモンピンクに！ ぷっくりさせて。

1 ツヤカラーを ON
Aのゴールドアイシャドーを指に取り、アイホール全体に薄く広げてキラキラにする。

2 鼻スジにカゲを入れる
Bのシェーディングを指に取り、鼻先が細く見えるように鼻スジにカゲを入れていこう。

3 ラインはハネ上げる
Cのアイライナーで目尻側を5mmくらいハネ上げる。ツンとさせるとよりハーフっぽい。

4 グロスをじか塗り
Dのメタリックカラーのグロスをじか塗り。なじむ色だからキラキラ感だけが強調される！

> ブラウンが味方♥

ヌケ感カジュアルメイク

カジュアルな服に合うのは、ワントーンメイク。単調にならないように、
引き算と足し算をうまく取り入れて上級見せ♥

カッコ可愛くなれる 囲みシャドーで メリハリ目元！

重めの下まぶたでカッコよく。チークレスでヌケ感をつくれば、全体が軽くまとまるよ！

パーツ強調で もとからホリ深な 小顔フェイスに！

囲みシャドーにすることで、目元の印象UP♥ シースルーバングもイマドキに見えるポイント！

Point 01 しっかりカールまつ毛で目の縦幅を2倍にサギ見せ！

手抜き厳禁！　カールをキープするためのテクが盛りだくさんだよ♥

····· Before ·····

根元からギュッと！
ビューラーをグイッとまぶたに押し込んでキワを出し、まつ毛の根元を数回ギュッと立ち上げるよ！

中間、毛先もカール！
まつ毛は根元から上までしっかり立ち上げたい♥　だから中間と毛先もしっかりビューラーするよ。

下地でカールキープ
マスカラ下地をスッと上にのばすようにつける。ここは束にならないように軽めに塗るだけにしておいて！

マスカラを1回塗る
下地を少し乾かしてからマスカラを塗る。最初はスッと上にのばすようにして、長さ出し中心だよ！

····· After ·····

2度目はしっかり！
少し乾かして、同じマスカラを根元にジグザグとあててスッと上にのばす。ボリュームを出すよ♥

ここでダマを取る！
コームを上から差し込んで、まつ毛のカーブに合わせてクルッとコームを動かしてダマを取る。

1度目は横塗り！
下まつ毛も2回塗る！　最初はブラシを立てて左右に動かして横塗り。色がちゃんとのるよ！

最後に縦塗りするよ
少し乾かしてから、2度目はブラシを縦に動かして塗るよ。下まつ毛にも長さを出したら完成♥

Point 02 下まぶたシャドーでさらに目を拡大して小顔に♥

引きしめポイント。少し重いくらいがイマドキだよ！

下まぶたメイクなし

下まぶたメイクあり

パーツが離れていてなんだか間のびした印象！

シャドー効果で目が強調されて理想の小顔をGET♥

ラメ2色を混ぜ、下まぶた広めに指でラフにON。キラッとして目ヂカラUP。

茶色シャドーをブラシで涙袋全体に塗って、目の縦幅をイッキに拡大するよ。

マスカラで、まつ毛1本1本を濃くするイメージでON。写真映えが変わる！

キャンメイク ジュエリーシャドウベール01 ¥648／モデル私物

エチュードハウス ルックアット マイアイジュエル BR420 ¥630／モデル私物

デジャヴュ ラッシュアップ ¥1296／モデル私物

Point 03 リップはシャドーと同じ色みで統一させる！

目元の印象が強いカジュアルメイクはリップで引き算するのが◎！

同じ色でも塗り方で色の濃さを調整！

甘めにも辛めにも似合う、マットなベージュローズ。¥1296（限定発売）／レブロン

指でリンカクをボカす
じか塗りでラフに色をのせたら、リンカクを指でトントンたたいてフチをにじませるよ。

ていねいに直塗りでくっきり
じか塗りでOKだけど、上唇の山や口角はていねいにフチ取ってね。色もしっかりのせて♪

CASUAL

華やかな
ラメシャドーで
オトナの余裕を
見せつける♪

#オトナブラウン
簡単にセクシーな印象になるツヤのある赤リップが主役！
目元はラメで上品に。

どんな肌色にも合うブラウンメイクが最強説 ♥

ヌケ感のある
赤チーク&リップ
色っぽいまなざしに♥

#ヌケ感ブラウン
やさしげなタレ目と、内側からじゅわっと
にじむような血色感のあるチークがポイント！

メイクで辛さを足せば
男子も一目置く
カッコよさ

#色っぽブラウン
カラコンだけでも強めなのに、陰影のある
ブラウンシャドーとマットな赤でさらにクールにキマる！

可愛いも、女っぽいも、両方をかなえる囲みアイ！

ブラウンなら、囲みシャドーでもやりすぎ感が出ないよ！ 万人ウケも100点満点♥

ツヤをプラス
Aのシャドーをアイホール広めにのせる。ラメのツヤ感で、色気のある瞳を演出できるよ。

しっかり重めに
下まぶたもラメ感のあるAのゴールドシャドーで、目頭から目尻のキワに細めにのせる。

ハネ上げラインを引く
ブラウンのBで、まぶたの中央から外に向かってラインを引く。目尻は少しハネ上げる。

use it

A アナ スイ アイ & フェイスカラー S S801¥1296、アナ スイ カラー ケース¥864／ともにアナ スイ コスメティックス　B ファシオ パワフルステイ リキッドライナー B R300¥1620／コーセーコスメニエンス　C ヴィセ リシェ フォギーオン チークス PK800¥1620（編集部調べ）／コーセー　D インテグレート ボリュームバームリップ N OR 381¥1296（編集部調べ）／資生堂

だ円形で小顔に
ツヤのあるCのコーラルピンクを、少し内側にだ円に入れる。ポッと蒸気したほおに♥

しっかり直塗り
ツヤっぽすぎないコーラルオレンジのDで、グリグリとラフに唇を塗りつぶしていくよ。

use it

A ヴィセ リシェ ジェミィリッチ アイズ BR-4¥1296（編集部調べ）／コーセー　B ケイト スーパーシャープライナーEX 20th BR-1（濃いブラウン）[限定]¥1188（編集部調べ）／カネボウ化粧品　C キャンメイク クリームチーク ティントNo.04¥648／井田ラボラトリーズ　D ファシオ カラーフィット ルージュ PK821¥1512／コーセーコスメニエンス

use it

A プレイカラー アイシャドウ インザカフェ¥2700／エチュードハウス　B M・A・C ブラシストローク ライナー ブラシブラック¥3240　C M・A・C ミネラライズ ブラッシュ ウォーム ソウル¥3780／ともにM・A・C　D ヴィセ リシェ マットリップラッカー RD480¥1620（編集部調べ）／コーセー

1 タレ目をつくる
Aの右下の色を上まぶた&下の目尻から1/3のキワにのせる。さりげなくタレ目になるよ。

2 ブラウンで統一
アイラインもブラウンでやさしく。目頭からBで極細に引き、目尻は自然に5mmハミ出す。

3 ふんわりチーク
肌なじみのいいくすんだピンクのCをスポンジで、ほおに広め&丸くふんわりとのせる。

4 ラフに塗る
リップも肌になじむ、明るすぎないピンクがグッド。Dをじか塗りでラフに塗っていくよ。

1 マットにする
Aの左から2番目のマットなブラウンをふたえ幅よりも細く、まぶたのキワに入れるよ。

2 ラインは太めに
アイラインはBのブラックで、目頭からしっかりと引く。目尻は7mmくらいハミ出す。

3 輪郭をシャープに
チークは使わずCでシェーディング。大きめのブラシで、ほおからあごのラインにのせる。

4 くっきりフチ取り
セミマットなDのボルドーをラフに塗る。最後に上下の唇をすり合わせてなじませてね。

> 質感重視で盛る♥

映えるガーリーメイク

ナチュラルなだけじゃつまらない！ SNSで〝いいね！〟がもらえるか
どうかが大事。光を放つツヤ感メイクで勝負しよっ♥

光を感じさせる
ツヤ肌＆ふたえ強調
ガーリーメイク

薄づきなのにどんな角度でも盛れるツヤ肌。顔の立体
感もUPして、ピンクも最大限映える♥

Point 01 クッションファンデで薄づき&ツヤ肌をつくる！
ベタベタ重ね塗りは絶対NG。近くで見てもキレイな肌が理想！

ミシャ M クッション ファンデーション No.23 ¥1080／ヘアメイク私物

顔全体にポンポンと均一になじませ、なるべく薄づきに仕上げる。毛穴が気になる部分は少量を重ねづけしてカバー。

iPhoneのノーマルカメラで撮ってみた！

肌がのっぺりしてて全体的にむかしっぽい！

みずみずしいツヤで美肌＆目もパッチリ

立体感が強く写るノーマルのときはツヤが重要。ラインはふたえをジャマしない太さに。

Point 02 ピンクシャドー＆マスカラの根元塗りでふたえ強調！
アプリの力を借りずに、パッチリ目に♥　囲み＋上下マスカラで目の縦幅を広げる！

ピンクで囲む
薄いピンクをアイホールと涙袋に広げ、濃いピンクでキワを引きしめてグラデに。
インテグレート ワイドルックアイズ PK-222 ¥918（編集部調べ）／資生堂

フサフサまつ毛に
根元にはしっかり、毛先はスッと抜くようにつける。下まつ毛にも軽めに塗って。
マジョリカ マジョルカ ラッシュエキスパンダー リキッドエクステ ¥1296（編集部調べ）／資生堂

瞳が明るく写るからカラコンは柄の薄いフチなしが◎！

フチありだとカラコンが悪目立ち…

柄の薄いナチュラル系が自然に盛れる♥

アプリで撮るよりもカラコンがくっきり写るから、ハデな柄や明るすぎる色は浮いて見えちゃう！

Point 03 光が欲しい部分にクリームライトをON！
光を集中させたい部分にハイライトを。顔が立体的に生まれ変わる！

クリームチークを指に取り、ポンポンと鼻横からほお骨にそって、だ円形にのせよう。

ヴィセ アヴァン スポットライティング スティック ¥1944（編集部調べ）／コーセー

ノーマルカメラは色が飛ばないのでチークは薄めに。黒目の真下に丸くボカす。
ヴィセ リシェ リップ＆チーククリーム PK-9 ¥1080（編集部調べ）／コーセー

人気アプリのノーマルカメラで撮り比べてみた！

B612 肌が白く、明るく写る。アプリのノーマルのなかでいちばん人気♥

インスタ ややふわっとめ。本体カメラで撮るよりも肌色が濃く見える！

フーディー ふわっと可愛いかんじに写るのは◎だけど立体感が物足りないかも。

SNOW ちょっと暗く写る気がするから、太陽光で撮ったほうが盛れそう。

Point 04 グロスの指塗りでじんわり血色感を出す！
濃すぎるのはいかにもってかんじ。あくまでもさりげないのが写メで盛れるルール♥

use it
 A
 B

Aをリンカクどおりに塗ったらBを重ねる。指でなじませてじんわりしたツヤを♥

A マジョリカ マジョルカ メルティージェム PK410 ¥918（編集部調べ）／資生堂　B ジルスチュアート フォーエヴァージューシー オイルルージュ グロウ 07（限定色）¥3024／ジルスチュアート ビューティ

ポーズはキメすぎない、他撮り風がいまっぽい

キメ顔は古くさい！

なにげない表情が◎♥

人物がパキッと写るぶん、ポーズや表情にはヌケ感が必要。目線バッチリより他撮り風が可愛く見える♪

GIRLY

オーラのように
輝くツヤで
ワンランク上の
私になるの♥

#プリズムメイク
光にふれるたびキラキラ輝き、
まるで自分自身が宝石のよう♥

女っぽ質感はとにかくツヤツヤ&キラキラ!

春といえば
やっぱりピンク♥
ラメ入りシャドーで
流行顔に

#ピンクメイク
目元、チーク、リップをピンクで統一。ピンクは女のコをいちばん可愛く見せてくれる♥

カラーMIXしたラメが
まばたきするたびに輝く★

#ラメEYEメイク
カラーシャドーと透明ラメを組み合わせて、ネオンっぽいキラキラ感を出すのが韓国メイク♪

まばゆい輝きでとことんゴージャス！

ラメ感が強いぶん、カラーレスに。いつだって肌なじみのいい色が万人ウケする♥

use it

A / B

C / D

手の甲で量を調節
Aをまぶたにのせる量だけ手の甲に取るよ。こうすれば、目元にドバッとつかない！

ベースを塗る
いちばん濃くしたい中央に色をのせたら、左右に広げるようにアイホール全体にのばすよ。

ラメラインを引く
Bを目頭から目尻まで引くよ。ロールタイプなら、にじみにくくて一定の細さで描ける！

インラインで引きしめ
ブラウン系のペンシルライナーで、インラインを引いて引きしめると、目ヂカラUP！

ほおにツヤ出し
Cをほお骨の高い位置に、サッと斜めに入れる。ラメ入りだから広範囲だとテカッちゃう。

なじませる
指でポンポンとたたいて、色をボカしてなじませるよ。ベージュだから、ハイライト効果もアリ♥

ていねいに直塗り
Dを唇全体に、じか塗りするよ。ラメ入りのキラキラが繊細で、持続力も抜群だよ！

なじませる
唇を"ん、ぱ"。でリップをなじませて。ティッシュOFFするより、自然な仕上がりに♪

A キャンメイク ウィンクグロウアイズ 05 ¥540 ／井田ラボラトリーズ　B スウィーツスウィーツ スピンロールアイライナー G01（販売終了）（編集部私物）／シャンティ　C ヴィセ アヴァン マルチスティックカラー 009 ¥1944（編集部調べ）／コーセー　D ディオール アディクト リップ グロウ 010 ¥4104 ／パルファン・クリスチャン・ディオール

use it

A / B

A キャンディドール キャンディリップ & チーク フラミンゴピンク ¥1069 ／T-Garden　B キス デュアルアイズ S 07 ¥1188 ／KISSME（伊勢半）

1 グラデをつくる
アイホールと涙袋にシャドーの薄いピンクをON。ふたえ幅には重ね塗りしてグラデに。

2 囲み目をつくる
上まぶたのキワと下まぶたの目尻側1／2に濃いピンクを細めに塗る。目尻は少し広めに。

3 丸く幅広にボカす
チークはスポンジでほお骨の下に丸くボカす。やや外側に塗ることでオトナっぽく見える。

4 指でボカす
チークを指に取り、唇にトントン塗る。リンカクをボカして塗るとガーリーな印象に♥

use it

A / B

A プレイカラーマルチパレット スパンコールドレスルーム ¥3780 ／エチュードハウス　B キャンメイク フルーティーピュアオイルリップ 03 ¥756 ／井田ラボラトリーズ

1 ラメを密着させる
中段左端のピンクをアイホールより少し広めに指で塗り、ラメをしっかり密着させるよ。

2 目尻ラインを引く
下段の左から2番目のパープルで、ふたえの線を延長するように少しだけラインを描く。

3 ラメを重ねる
左下のオーロララメを上まぶたの目頭〜黒目上まで重ねて、キラキラ感に変化をつける★

4 グロスで主張♥
透明グロスを全体的にたっぷり重ねる。中央から左右にのばすと口角に液がたまらない。

愛され肌のための
毎日＆スペシャルケア

ニキビや毛穴の黒ずみがないツルピカ肌になるための
アイテムを紹介。日々のケアに取り入れるだけで、だれでも美肌になれるよ♥

▶▶ DAILY CARE

ニキビ・毛穴・テカリに効果抜群の化粧水！

明色美顔水 薬用化粧水［医薬部外品］¥864／明色化粧品

お日さまと一緒に起床

朝はベッドでダラダラしないで、すぐに起き上がること。陽の光を浴びて目を覚ますよ。

伸びをして体をほぐす！

寝ているあいだにカチコチになった体をストレッチでしっかりとほぐすよ。深呼吸しながらゆっくりと♪

コップ1杯の白湯で水分補給

50度前後の白湯を少しずつ飲む。内臓からじんわり温まって代謝がUP★美肌効果もあるよ。

洗顔フォームで汚れをOFF

寝ている間に出た汗や皮脂、空気中のホコリを落とすために洗顔料を使うのがオススメ。

洗顔後は美顔水でスキンケア♥

古い角質をやわらかくして、やさしく除去。お肌のターンオーバーを促進する効果があって毛穴の悩みも同時にケアできる♪

洗顔が終わったら、すぐにスキンケア。美顔水はニキビの原因をしっかり除去＆防いでくれるよ。

さっぱりしてて気持ちいいー♪

スーッとした使用感で、開いた毛穴をキュッと引きしめてくれるよ。これでテカリ知らずのツルピカ肌をキープ。

コットンに美顔水を適量含ませたら、軽くおさえてお肌に浸透させるよ。

過剰な皮脂分泌をおさえてくれるよ！

殺菌・抗菌・消炎成分配合で、ニキビの原因をしっかり除去！ニキビができにくい肌に♥

仕上げに乳液で保湿して終わり♥

ラスト！

美顔水でしっかりケアできたら、乳液でお肌にフタをするよ。ニキビ知らずのツルピカ肌の完成！

お肌ツルピカ！

▶ SPECIAL CARE

お肌にやさしいジェリータイプのフルーツピーリング！

DETクリア ブライト&ピール ピーリングジェリー〈ミックスフルーツの香り〉¥1296／明色化粧品

お肌の状態チェックシート
- □ 毛穴の黒ずみが目立つ！
- □ 手でさわると肌がザラザラする！
- □ 肌がくすんで見える！
- □ 化粧ノリが悪い！
- □ 化粧水が肌に浸透しない！

↓
1つでもあてはまったらポロポロピーリング！

古い角質がたまりやすい部分はココ
- Tゾーン
- 鼻まわり
- あご

手のひらに3～5プッシュ

天然由来の果実AHA（角質クリア成分）と植物BHA（角質柔軟成分）配合の肌にやさしいピーリングだよ。

朝は洗顔前、夜ならメイク落とし&洗顔後の清潔な肌に使うよ。適量を手に出して準備。

お肌にのせて軽くマッサージ クルクル

既存メラニンを含んだ古い角質を除去し、気になるザラつきや小鼻の黒ずみを解消★

目や唇のまわりを避け、気になる部分にやさしくマッサージするようにのばしていってね。

ぬれた顔や手でも使えるよ♪

ポロポロと老廃物が！

お風呂でも使えるのがポイント。汚れが落ちたらしっかり洗い流すよ。週1～2回でケア。

肌のくすみがスッキリOFF

ピーリング後は化粧水がお肌にスッと浸透。くすみをOFFして、化粧ノリもよくなる♥

SKIN CARE

1 メイクを落とす クレンジング

メイクの汚れが肌や毛穴に残っていると、肌荒れの原因になるので、しっかり落とそう★

①
体温くらいのぬるま湯で顔をすすぐ。小鼻の横など細かい部分もすすぎ残しがないよう注意。

②
両手の指先を使い、内側から外側に向かって円を描くようにして、メイクになじませる。

③
適量を手に取って、体温で温める。こうするとなじみやすくなって、メイクが落ちやすい！

ガッツリアイメイクの日は目元を部分クレンジング

アイラインはめん棒

目元の汚れが残ると色素が沈着してしまうので、めん棒でキワまでしっかり落とすこと。

アイシャドー・マスカラはコットン

目のまわりは皮ふが薄いのでゴシゴシせず、コットンでなでるように落とすとGOOD！

プラスワンアドバイス
カサつきが気になる「乾燥肌」

朝の洗顔はぬるま湯！
肌に必要な皮脂まで洗い流してしまうので、洗顔料は使わずにぬるま湯ですすぐだけ!!

ビタミンA・Cをとる
ビタミンAとCには、皮脂の分泌量を調整する働きがあるので、積極的に摂取してね！

肌がキレイじゃないとメイクもキマらない…！
すっぴん美人をつくる基本のスキンケア教えます♥

意外とまちがっている!?
正しいスキンケアの知識から〝可愛い〟が始まる♥　ていねい＆毎日続けてこそ結果が出るよ！

プラスワンアドバイス
テカリが気になる「脂性肌」

甘いものを控える

糖質の高いお菓子の食べすぎは、皮脂分泌が過剰になる原因に！あくまでほどほどに♥

保湿をしっかりする

肌が脂っぽいからといって保湿をしないと、皮脂がそのぶん多く分泌されるので逆効果！

2 汚れを落とす 洗顔

洗顔は、古い角質や汗など、水性の汚れを落とすために必要だけど洗いすぎはNG！

①
洗顔料は泡の粒子が細かければ細かいほど、肌に密着するので、しっかりと泡立てて。

②
まずは皮脂量の多いTゾーン（おでこと鼻）から、指先を使って、そっと泡をのせていく。

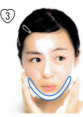
③
次は、Uゾーン（リンカク）。①と同様に、泡をのせる★ Uゾーンも皮脂が多い部位だよ！

④
最後に、皮膚が薄くて弱い目元に泡をのせ、なでるようにして泡を顔全体になじませる。

⑤
ぬるま湯で洗い流したら、タオルを軽くあてて水分をふき取ってね。こするのはNG!!

つくり方別に泡を比べよう！

手で泡立てたもの
水分を多く含むので、1分たつと泡が流れてこの状態。

洗顔ネットで泡立てたもの
粒子が細かく、弾力性強いためへたりにくい★

泡タイプの洗顔料
ラクだけど泡のモチが短く、時間がたつとしぼむ。

3 うるおいを与える

化粧水
肌の乾燥を防いで、角質層までしっかりとうるおいを届けるのが化粧水の役割♥

絶対守るべき3つのルール

洗顔後すぐにやる！
肌が温かいほうが化粧水の浸透率が高いので、ぬるま湯で顔を洗った直後が、ベスト！

パンパンたたくのではなく押し込む
たたき込むと肌がいたむので、化粧水は手でピターッと肌に押し込む感覚でつけること♥

とにかくたっぷり化粧水を使う
化粧水をケチるのはNG!!　2〜3回くり返して、肌の奥まで浸透させることが大事。

① 化粧水500円玉大を、手に取る。さらに、少し温めるように手のひらに軽くなじませる。

② まずは、乾燥しやすいほおに化粧水を塗るよ。指のはらを使って、肌に押し込んでいく。

③ 面積の広いおでこは、手のひらを使って★こちらもしっかりと肌に押し込んでいこう！

④ 小鼻のまわりは狭いので、指先で化粧水を浸透させる。ていねいに密着させるのがポイント。

⑤ 化粧水が肌にしっかり吸収されるまで何回かくり返したら、最後に首にもつけていく★

⑥ せんさいな目元は、手よりも化粧水でヒタヒタにしたコットンをなじませると◎。

プラスワンアドバイス
刺激に弱い「敏感肌」

コロコロはNG！
強めのマッサージやコロコロのやりすぎは色素沈着や肌荒れの原因になるので要注意！

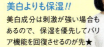

美白よりも保湿!!
美白成分は刺激が強い場合もあるので、保湿を優先してバリア機能を回復させるのが先★

4 フタをして保湿する

乳液
化粧水で得た水分を肌に閉じ込める、乳液。使いすぎはお肌の負担になるので注意★

季節や好みで使用アイテムをチェンジ！

少 ↑ 油分 ↓ 多

- **ジェル** 使い心地が最も軽いジェルは、脂性肌のコや夏の保湿にピッタリ！
- **乳液** 適度な油分を含み、肌なじみもいい乳液は、ふだん使いに最適♪
- **クリーム** しっかりしたテクスチャーで肌をカバーするクリームは、乾燥肌向き。
- **オイル** 乾燥がひどいときはオイルの出番！量は1、2滴でOK。

① 手のひらにさくらんぼ大の乳液を取る。つけすぎは、肌が呼吸できなくなるのでダメ★

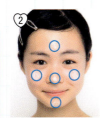
② おでこ、両ほお、鼻、あごの5点に乳液をおいてから、肌全体にしっかりなじませよう。

③ あご→耳下、小鼻の横→耳前、おでこ→こめかみとリンパにそうとマッサージ効果も♥

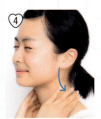
④ 最後に、耳の下から首を通して、鎖骨までリンパを流しながら、首もしっかり保湿する!!

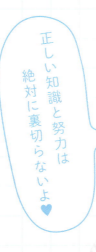

正しい知識と努力は絶対に裏切らないよ♥

もっと"キレイ"をめざす♥
肌の3大悩みを解決して1年中ちゅるん肌をキープ！

教えてくれたのは
シロノクリニック恵比寿院
中川桂先生

季節に関係なくつきまとう肌悩み…。これを機にきちんと改善して、鏡を見るのが憂うつなんてネガティブな気持ちとサヨナラ！
※問い合わせ先のないものは編集部私物。

思春期JC&JKのお悩みNo.1！ ニキビ

思春期のホルモンバランスの変化によってできやすい、10代のニキビ。JC&JKを悩ます深刻な問題！

ニキビを予防するには角質をためない肌づくり＝生活習慣の改善が大事!!

どうしてニキビができるの？
▼
毛穴がつまって炎症を起こす

思春期はホルモンバランスが変化しやすく、皮脂の分泌量が増加。毛穴に皮脂がつまることで、菌が増えて炎症を起こす。

1 睡眠をしっかりとる
睡眠不足はお肌の敵。寝るときは、寝具をキレイにするのはもちろん、髪を上げ、顔を清潔に保って！

2 ビタミンBをとる
肌の健康を守るビタミンBが不足すると、脂っぽく、ニキビができやすくなるよ。サプリでラクに摂取★

3 汚れはしっかり取る
シャンプーやスタイリング剤が残っていると、毛穴に入り込んでニキビが悪化！ すすぎ残しには要注意。

4 有酸素運動をする
有酸素運動をして血流がよくなると、肌の皮脂を抑える女性ホルモンが活性化して、ニキビができにくくなる。

5 湯船につかって体をあたためる
血流をよくするためには、入浴も効果的。炭酸系の入浴剤を入れると血行促進効果が高まる!!
バブ エピュール ジャスミン＆フランキンセンスの香り 400g[医薬部外品]

顔色が悪く見えて不健康な印象に… クマ

寝不足じゃなくてもできるコが多い、目の下のクマ。色によって原因が違うので、チェック！

どうしてクマができちゃうの？
▼

茶クマは色素沈着
紫外線や摩擦などのダメージを受けたことにより、色素が沈着してできるクマ。

青クマは血行不良
目のまわりの毛細血管の血行が悪くなり、薄い皮ふから透けて見えるのが原因。

青クマに悩んでるなら！
マッサージで血行を促進

目の下を3か所ぐらい指のはらで軽く押す。強すぎると茶クマの原因になるので注意！

人さし指の第2関節で、目頭から目尻まで眉の下を4か所ぐらい刺激するとポカポカするよ。

茶クマに悩んでるなら！
目元専用アイテムでケア

皮脂分泌の少ない目元は目元専用のアイテムを使うのがマスト。美白アイテムで色素の排出を促すのも効果的♪
右・mesiru アイスキンケアクリーム

意外と目立つ★お肌のクレーター 毛穴

小さくても目立つ、プツプツ毛穴。10代の場合、皮脂の多い鼻まわりの毛穴に、お悩みが集中★

どうして毛穴が広がるの？
▼
毛穴の汚れがつまっているから

毛穴に古い角質などの汚れがつまると、毛穴がどんどん広がって大きくなっていくよ。皮脂の過剰分泌も大きな原因！

1 毛穴の汚れをしっかり取ろう！
毛穴を目立たなくするには、毛穴の汚れを落として、とにかく肌を清潔に保つのが大事。

ピーリング剤	ガスール（泥）	酵素入り洗顔料
汚れをからめ取るから毛穴が開かない。ロゼットゴマージュ モイスト ¥648	毛穴の奥の余分な皮脂や汚れを吸着するよ！ ツルリ 小鼻磨きソープ ¥864	酵素で汚れを分解。メラノCC酵素ムース泡洗顔 ¥972（編集部調べ）／ロート製薬

2 肌を鍛えるために水洗顔は◎
水で洗顔すると、毛穴が一時的にしまり、鍛えられる。氷だと肌への刺激が強いのでNG。

3 毛穴が気になる部分は化粧水を重ね塗り
保湿をしっかりすると角質がやわらかくなり、肌がふっくらするので毛穴も目立たない★

4 1年中日焼け対策をする
紫外線はコラーゲンを破壊し、たるみ毛穴をつくる原因になるので、冬でも日焼け対策は絶対。

いちばんトラブルが増える季節！

夏肌の厄介な悩みは
プラスワンテクで予防&対処！

教えてくれたのは
ロート製薬広報
小谷美帆サン

すでに夏はもう目のまえ！ 一日でも早く対策して、キレイ肌のまま秋を迎えよう♥ ほんの少しの手間が大きな結果につながるよ。

焼けないように しっかり対策 する！

紫外線は夏だけじゃなく 一年中油断禁物
日焼け
白肌になりたい私たちの大敵・紫外線。万全の対策をしていても、うっかり焼けて赤くなっちゃうことも!!

日焼け=やけど と同様に 冷やして対処！

真夏はミルクタイプの 日焼け止めがオススメ！
使い心地のよさで選んでOKだけど、ミルクタイプは耐水性が高いから汗をかく真夏にオススメ！

炎天下の
お出かけ
SPF50・
PA++++

日常生活
SPF20〜30
PA++〜+++

正しい塗り方はこう！

①
500円玉大の量を手に取り、焼けやすいほおの高く広い部分から、内から外へ顔全体に塗り広げる。

②
ムラにならないようにたっぷり塗ったら、忘れがちな首やデコルテ、耳やうなじもしっかり塗ろう！

スキンアクア スーパー モイスチャーミルク／モデル私物

目安はこう！

日焼け止めは しっかりクレンジング ！
汗や水に強いタイプだと、ふつうの洗顔では完全に落とせないことも。使い方をしっかり読んでOFF。

1 まずは焼けてしまった ところを冷やす
日焼けは炎症であり、やけどと同じ。まずはしっかり冷やして、炎症を抑える必要があるよ。肌への刺激は最小限に！

 NG!

氷水でしぼったタオルを肌に当てる。ぬるくなったら、再び氷水につけて冷たさをキープしよう！

ビニール袋に氷水を入れて肌にあてるのも◎。冷たいときは薄手のタオルで包んでから当てて。

冷却シートを貼るのは逆効果！ 粘着面が刺激になって皮ふを傷めてしまう可能性が高いよ!!

このアイテムが
オススメ♥

2 しっかり保湿をする
日焼けした皮ふは乾燥した状態。炎症作用や保湿効果のある化粧水などでしっかり水分を補って。

美白効果のあるものも効果的だよ★ 肌ラボ白潤薬用美白化粧水／モデル私物

皮脂の 過剰な分泌をセーブ する必要あり！

年齢関係なく夏に いちばん多い悩み
テカリ・ ベタつき
せっかくメイクが盛れても、ハイライト以上にテカテカしてたら意味なし！ベタつくし、もはや外に出たくない〜!!

1 しっかり保湿をして お肌をうるおわせる
うるおいが足りないと過剰に皮脂を分泌させてしまうこともあるから、日ごろからしっかりと保湿することが大前提♪

①
コットンに化粧水を500円玉大取ったら、顔全体にていねいになじませる。

②
手のひらでもOK。なじませるときは下から上、内から外に向けて広げて。

③
乳液は、全体に広げたあと手のひらで顔をやさしく包み込んでなじませる。

アイテムは同じ シリーズでそろえるべき？
効果はあがるけど、 好みで替えてOK
同じシリーズのアイテムのほうが浸透率や効果の面で高いこともあるけど、肌質や好みによって他シリーズと組み合わせても◯。

2 体温を一時的に下げる

ワキの下や首の後ろなど、太い血管やリンパが通っているところに保冷剤をON。

化粧水のミストをするのも、肌の温度が下がって、皮脂の分泌を抑えることができる。

3 テカリをOFFするにはフェイスパウダー
即効性を求めるなら、皮脂を吸着する作用のあるフェイスパウダーを使うのがオススメ。ベタつきも抑えてサラッとするよ♪

— Before — — After —

学校にもOK♥ SUG AO シフォン感パウダー クリア／モデル私物

透明感girlのつくり方

肌もBodyも瞳も、ちゅるんとクリアな透明感が欲しい♥

ラベンダーの魔法でピュアではかない女のコ♥

透けるような白肌にツヤっとうるんだ瞳。可愛い女子がみんな持っている"透明感"は、ラベンダーカラー&カラコンでつくれちゃう。透明感の仕込み方、こっそり教えます♥

Transparent Skin
ラベンダーベースでずるいほど可愛い肌

ラベンダー下地にはくすみをはらって肌をトーンアップさせる効果が。メイクまえに使えば肌色が明るくなってピュア感がUP♥

Brightening Body
守ってあげたくなる透明感ボディー

肌見せシーズンはボディーも白肌に。くすみやすいひじ&ひざには、ラベンダーのボディークリームをひと塗りして自信をつけて♥

Lavender Lavender Lavender

Clarity Eyes

ちゅるんな瞳は女のコの武器

裸眼っぽいのに、水分感があってアイメイク映えも十分なカラコンで透明感を高めて。

CRUUM #141 MOON

だれにでも似合う、ナチュラルな印象のヘーゼル。光が差すようなツヤ感が魅力。
CRUUM 1 day ムーン [10枚入り] ¥1814 / T-Garden

Lavender Item♡

左・血色感と透明感を両立できるメイク下地。キャンディドール ブライトピュアベース ラベンダー ¥1609、右・手足やデコルテの白肌がかなうボディ用クリーム。キャンディドール ブライトピュアクリーム ¥1717 / ともに T-Garden

how to use 1

くすみをOFFしたいときはほお全体に

ファンデのまえに、パール1粒分を両ほお全体にON。くすみが消えて憧れの透明肌に。

how to use 2

Tゾーンに塗って自然なハイライト

おでこ&鼻スジのTゾーンに広げれば、自然なメリハリが。ツヤと立体感が欲しいときにお試しを。

How to be a "透明感" girl

Face も Body も ラベンダーをまとって

BASE MAKE-UP ♥

何を使ってどうやるの!?
肌ブスにならないための ベースメイクの正解!!

ベースがキレイならメイクの90%は成功したようなもん！第一印象でもいちばん視線がいく部分だし、きちんとマスターしよう。

まずはベースコスメの基本アイテムをCHECK！

肌色をコントロール♥
コントロールカラー

透明感UP。右から、エチュードハウス フィックス＆フィックス トーンアッププライマー ラベンダー、赤みを抑える。同ミント、血色をプラス。同ローズ 各¥1485／以上エチュードハウス

ピンク　ミント　パープル

下地＆ファンデ効果！
BBクリーム

ベース、日焼け止め、ファンデがオールインワン。キャンメイク パーフェクトセラム BBクリーム 02 ¥864／井田ラボラトリーズ

ナチュラル肌をつくる
CCクリーム

下地効果と色み補整の役割を果たし肌色をトーンUP。カントリー＆ストリーム 素肌キレイCCクリーム ¥1296／井田ラボラトリーズ

ファンデののりをUP
下地

極小パール入りで色をつけずに透明感のある素肌に。キャンメイク シークレットビューティーベース01 ¥702／井田ラボラトリーズ

うるおい肌をGET！
クッションファンデーション

リキッドファンデがスポンジに染み込んでるよ。ミシャ M クッション ファンデーション（モイスチャー）¥1080／ミシャジャパン

カバー力バツグン★
リキッドファンデーション

下地の上に塗って肌のアラをカバー！キャンディドール リキッドピュアファンデーション ホワイトベージュ ¥1609／T-Garden

手をよごさずに使える
パウダーファンデーション

バツグンのカバー力！ケイト シークレットスキンメイカーゼロ（パクト）02 ¥1728、ケース¥648（ともに編集部調べ）／ともにカネボウ化粧品

ポイント使いでOK！
コンシーラー

パレット
明るい色はハイライト、暗い色はニキビにON。キャンメイク カラーミキシングコンシーラー01 ¥810／井田ラボラトリーズ

スティック

気になる部分を集中的にカバー。ケイト スティック コンシーラーA ナチュラルベージュ ¥864（編集部調べ）／カネボウ化粧品

リキッド

クリーミーな質感で肌のうるおいキープ。キャンディドール ハイカバーケア コンシーラー ライト＆オレンジ ¥1501／T-Garden

ベースの仕上げにON
パウダー

メイクのくずれや、肌のベタつきを抑えてサラサラ肌に♥ キャンディドール ホワイトピュアパウダー ノーマル ¥1717／T-Garden

BEFORE

甘い顔立ちなのに地黒…
このギャップはいらない！

理想は透明感あふれるピュア肌♥

肌の治安を守れるのは自分しかいない！

テッパンの3ステップはコレ！

1 まずは下地で肌色をトーンアップ！

❶ 肌色が明るくなるラベンダーのベースを、手の甲に取る。ここから使ってつけすぎ防止。

❷ くすみやすい目の下にちょんちょん塗って、ほおと目のまわりに指でのばして透明感を。

❸ おでこと鼻スジにON。肌色を明るくして、ハイライト効果で顔に立体感が生まれるよ！

USE IT
キャンディドール ブライトピュアベース ラベンダー ¥1609／T-Garden

2 クッションファンデで肌ムラをカバー！

❶ まずは液状のクッションファンデーションをジュワーッと押して、パフに染み込ませる♪

❷ 顔の内側から外側に、ポンポンたたきながら塗るよ。のばすとムラになりやすいから注意！

❸ 小鼻の横や目のまわりなど細かい部分はパフを半分に折ると肌へしっかりフィットする♪

USE IT
メイベリン SP クッション ウルトラカバークッション BB ナチュラル ベージュ ¥2592／メイベリン ニューヨーク

3 肌をなめらかに見せるお粉で仕上げ♥

❶ フタにパウダーを出してパフにつけるのがオススメ！ 余ったらケースに戻せばOK♥

❷ フタに出したパウダーをパフ全体につけ、パフをもみ込んでなじませれば均一になる！

❸ 最初に面積の広いほお、おでこにON。余ったパウダーで目まわりと小鼻など全体をカバー。

USE IT
ケイト フェイスパウダーA ナチュラルタイプ ¥1296（編集部調べ）／カネボウ化粧品

肌コンプレックス解消ベースメイク術！応用編 — 肌のタイプ別

むやみに全体を厚塗りするのではなく、肌質や悩みに合わせたアイテム選び＆使い方が大事。コンプレックスを自信に変えよう♥

オイリー肌 ▶▶▶ マット下地でテカリ防止！

用意するもの

A マット下地
キャンメイク マシュマロフィニッシュベース 0 MO ¥756／井田ラボラトリーズ

B パウダーファンデ
スウィーツ スウィーツ マシュマロクリアパクト 02 ¥1944／シャンティ

① Aのマットベースを手の甲に取る。テカリやすい人は、マットタイプのベースが◎！

② 肌をマットな状態に保ってくれるAを指に取り、顔全体に指でスーッと薄く塗り広げる。

③ 厚塗りになるとくずれやすくなるから、Bを少量ブラシに取る。足りなければ足してね！

④ Bを顔の中心から外側にブラシでON。ブラシなら厚塗りにならず、サラサラな肌をキープ。

乾燥肌 ▶▶▶ 水分多めの下地で肌を保湿！

用意するもの

A ツヤ下地
エチュードハウス ニンフオーラ ボリューマートランスペアレント ¥1800／エチュードハウス

B 水ファンデ
インテグレート 水ジェリークラッシュ 2 ¥2160（編集部調べ）／資生堂

C パウダー
ミシャ M パステルマカロン パウダー No.1 ¥1620／ミシャジャパン

① ツヤ肌に見せるAをくすみやすい目元にON。顔全体につけるとテカって見えるから注意！

② 水分量の多いBのファンデをムラにならないように顔全体にON。顔にうるおいを与えるよ。

③ Cのパウダーはつけすぎないように、手で余分なパウダーをはらうと粉っぽくならない。

④ CをTゾーンと顔の中心にふんわりON。うるおいを残したいから少量のパウダーでOK。

ニキビ肌 ▶▶▶ 徹底した重ね塗りでニキビをカバー！

用意するもの

A 下地
キャンメイク ジューシーグロウ スキンベース 01 ¥702／井田ラボラトリーズ

B リキッドファンデ
エチュードハウス ダブルラスティング ファンデーション（ベージュ）¥2160／エチュードハウス

C スティックコンシーラー
キャンメイク カラースティック モイストラスティングカバー 06 ¥626／井田ラボラトリーズ

D パウダー
キャンディドール ホワイトピュアパウダー ノーマル ¥1717／T-Garden

① ニキビの赤みを消すAのベージュ系ベースを、指で毛穴に入れ込むように顔全体にON！

② カバー力の高いBのリキッドファンデを、顔の内側から外側にのばして広げ顔全体にON。

③ Cのコンシーラーをニキビの上にのせ、赤みをカバー。指でまわりボカしてなじませてね。

④ くずれを防ぐDのパウダーを顔全体にポンポンたたき込む！ 重ね塗りでニキビを隠してね。

ベースメイクはクリームクレンジングでしっかりメイクOFF！

ベースはクリームタイプのクレンジングを、肌になじませればしっかりOFFできるよ！

毛穴のメイクもOFF。ビオレ こくリッチメイクオフクリーム ¥990（編集部調べ）／花王

悩み
ニキビ

口元にニキビができやすい。ニキビを隠すのが第一優先だけど、厚塗りはしたくない！

BEFORE / AFTER

SNSで肌汚いとたたかれた…(涙) 肌がキレイになる方法知りたい！

YouTubeで学んだ必殺テクのおかげでニキビが隠せた

コンシーラーを硬めてしっかりカバー！

1

Aのファンデをニキビがある部分にON。ムダなところに塗らないのが、ナチュラル肌の基本♥

2

BのコンシーラーをニキビにON。ツヤがあるからしっかり塗っても重たくならないよ！

3

2で塗ったコンシーラーをアイメイクしながら約15分放置。硬くなって肌との密着度UP。

4

3で硬くなったコンシーラーを、指でたたき込んで肌になじませるよ。本当にオススメのテク！

5
Cのパウダーをギュッて肌に押さえこむように、小鼻とコンシーラーを塗ったところにON！

USE IT

A RMKクリーミィファンデーション N 202 ¥5400　**B** エチュードハウス ビッグカバー クッションコンシーラー サンド ¥1389　**C** キャンディドール ホワイトピュアパウダー シャイニー ¥1640／以上モデル私物

ニキビ、クマはコンシーラーテクで元からなかったことに♥

悩み
クマ

すっぴんだと目の下が黒いのと、カサカサした肌質が悩み…！

クマのせいかはナゾだけどすっぴんだとGAL感ゼロ！

BEFORE / AFTER

2種類のコンシーラーを使い分けして隠す！

たくさん話してたり着用たっ究極のコンシーラーだよ

USE IT

A ポール&ジョー モイスチュアライジングファンデーション プライマー02 ¥3780　**B** エチュードハウス ビッグカバー スティックコンシーラー サンド ¥1389　**C** ザ・セム CP チップコンシーラー 02 ¥530　**D** キャンメイク マシュマロフィニッシュパウダー ¥1015／以上モデル私物

1

Aのファンデーションを8か所にのせ広げやすく。指で薄くのばして顔全体に塗り広げるよ。

2

Bのコンシーラーを、目の下のクマにON。指でたたき込んで肌にピタッと密着させる。

3

Cのリキッドコンシーラーを2の上にON。クマを消したいから2度塗りしてカバー！

4

Dのパウダーを顔全体にON。厚塗りになるとくずれるからクマのところには塗らない★

047

夜のクセづけで
メイク映えする
ぱっちりふたえに

♥ PROCESS ♥

1 なりたいふたえ幅を決める
まず最初に、付属のスティックをまぶたに軽く押し込む。これで理想のふたえができるラインをチェックしておく！

2 ナイトアイボーテを塗る
つぎに、1で決めたふたえのライン状に夜用クセづけのりを塗ろう！目頭から目尻までまんべんなくたっぷり塗るのがポイント。

3 スティックで固定するよ
2でたっぷりのりが乾くまえにスティックでまぶたを押し込もう！あとは完全に乾くまでそのままキープ♥

4 あとは寝るだけでOK♥
しっかりのりが乾いたら、あとは寝るだけ〜！寝ている間にクセづけることで本物のふたえができちゃうよ!!

♥ ZOOM UP ♥

閉じても安心なのは本物だから！

目頭から目尻までぱっちりふたえ

「ナイトアイボーテならおやすみまえに塗って寝るだけ！」

PACCHIRIFUTAE♥

薄メイクでもウブでおしゃれなヌケ感を出すには本物のふたえがマスト♥

ぱっちりふたえなら薄メイクでもおフェロ可愛い！

アイラインなくても目の存在感がちゃんとある〜

れいなもリアルに愛用してるよ！

これが私の自慢のふたえの秘密兵器なのだ〜

SNSで大人気につき販売実績6万個を突破♥ 高い接着力を保ちつつお肌に優しい独自の配合。ナイトアイボーテ¥2980（キャンペーン価格）／ストリートレンド

本物のふたえになったら
かなう3つの美♥
- シャドーがキレイに発色♪
- 幅広ふたえで目力UP♥
- 目の印象が強くなるから
  小顔に見える!!

塗って寝るだけなら
めんどくさがりでも
続けられる♥

本物のふたえは
寝ている間につくるもの♥

濃くても薄くてもメイク映えするのがぱっちりふたえ。ふたえ幅に悩んでいるコはまず本物ふたえを手に入れるテクを覚えよう!

整形級アイメイクテクニック

\ ふたえの幅別 ♥ /

同じアイテムでも、ふたえの幅によって使い方が変わるって知ってた？ アイメイク基本3アイテムの賢い使い方を教えます！

\ 使うのはこの3つ ♥ /

A ブラウン系シャドーパレット
キャンメイク パーフェクトスタイリストアイズ02 ¥842／井田ラボラトリーズ

B リキッドアイライナー
ヴィセ リシェ リキッドライナー BK001 ¥1080（編集部調べ）／コーセー

C マスカラ
マジョリカ マジョルカ ラッシュエキスパンダー ロングロングロング BK999 ¥1296（編集部調べ）／資生堂

同じコスメを使い回して
タイプ別アイメイクをレクチャー！

アイメイクが変われば
人生が変わる！

ふたえを広げてる → ツヤシャドーでふたえ幅を強調！

①
あとでふたえを広げるのを見越して、ふたえ幅より広めにAの左下のゴールドをON。

②
ふたえを広げたときに眠たげにならないよう、自然なつけまつ毛をつけて目元を引きしめ♪

これをプラス！

自然な束感で地まつ毛のようなふんわりまつ毛に♥
ラッシュ ミース ウィート01 ¥1296／ディーアップ

NG
つけまつ毛なしだとふたえ幅が広すぎて眠たそうな目に…

Open

Close

③
Bでつけまの上をなぞるようにラインを引く。ふたえ幅が埋まらないように細く引くのが◎。

④
Aの右下のブラウンを下まぶたの目尻半分にON。目尻に濃い色を塗って目幅を拡大♪

奥ぶたえ → まつ毛を上げて目の縦幅拡大♥

① Aの右下のブラウンを目頭にのせ、目頭に影をつける。指で目尻に向かって塗り広げてね。

② まつ毛の根元をビューラーではさみ、まつ毛を直角に上げると目の縦幅が強調されるよ♥

③ Bで目尻にだけ細くラインを引くよ。目頭から太く引くとふたえが埋もれるから注意!

④ 上まつ毛にCの黒マスカラを塗る♪ 黒目の上にたっぷり塗って目の縦幅を広げてね!

NG シャドーが薄いと立体感なくてメリハリがない!

Open / Close

幅広ふたえ → 濃い色シャドーで引きしめ!

① Bのアイライナーを目頭から目尻まで細く引いて、目尻は目の延長線上に3mmほどハミ出す。

② Aの右下の濃いブラウンを1の上に重ねてON! シャドーでラインを引くイメージ♥

③ Cのマスカラを上まつ毛にON。おうぎ形になるようにマスカラをていねいに塗ってね。

④ 下まつ毛もCのマスカラをたっぷり塗って目を引きしめるよ! 印象的な目元が完成♥

NG 下まぶたにねんまくラインを引くとヌケ感がゼロ!

Open / Close

ふたえ → 黒目下を盛って丸目に♥

① Bのアイライナーで、上まつ毛の間を埋める。インラインだけ引いてふたえ幅をキープ!

② Bで下まぶたの黒目下のねんまく部分にアイラインを引くと、黒目が大きく見える!

③ 2で引いたラインの上に、Aの右下のアイシャドーを塗ってボカすと、ラインがなじむよ!

④ Cのマスカラを上はササッと、下にたっぷりON。黒目の上下を多めに塗るのがポイント♥

NG 上まぶたまで濃くするとふたえが埋もれちゃう…

Open / Close

\ ひと手間で激変する /

下まぶた事情 ♡

メイクが上手に見えるカギは下まぶたにも♥ じつはコンプレックスを
カバーできたり、印象を変えたり、手抜きNGなパーツなんです！
※P.53-55はすべてモデル私物。

▶ **Before**

- BAD ✕ ツリ目できつい印象！
- BAD ✕ 目元に立体感がない！
- BAD ✕ 目の縦幅が狭い！

▶ **After**

- GOOD ○ 丸タレ目でやさしい目元に♥
- GOOD ○ ぷっくり下まぶたで立体感が生まれた！
- GOOD ○ 目の縦幅が広がってデカ目効果！

目が大きく見える秘密は
〝下まぶた重め〟だった！

ラメをきかせてぷっくり下まぶた ♥

上下シャドーで囲んでおしゃれ顔めざす!

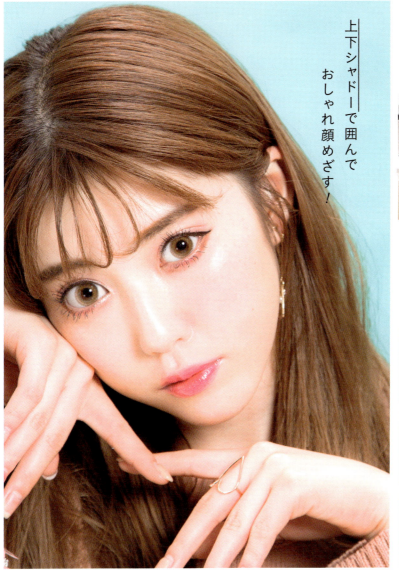

Use It

A オピュ アイグリッター01 ¥850　B キャンメイク パーフェクトスタイリストアイズ14 ¥842　C エチュードハウス ブレンド フォー アイズ ドライ ローズ ¥1458　D ダズショップ ジニアス フォーシーズマスカラ ¥3780

すっぴん目

下まぶたメイクなし目

完成目

---

01 Point

Aのキラキラのクリームシャドーを、下まぶたの目頭から黒目下まで塗って女のコらしく♥

02

Bの左上の薄ピンクシャドーを下まぶた全体にON。1のラメと混ざってキラッとするよ!

03

Cの右上の茶色を目尻から黒目下までライン状にON。目の縦幅が広がって、デカ目効果あり。

04

Dの黒マスカラで、下まつ毛を2度塗り♪ ブラシを縦にして液をたっぷりつけるのがコツ!

05 Point

ラメメイクが大好きだから、最後にAのラメを目頭半分にちょい足ししてラメを強調♪

下シャドーで引きしめて韓国アイドル下まぶた♥

目尻シャドー&キラキラでアイドル目♥

Use It

エチュードハウス タイニートゥインクルアイズ ゴールデンブロンズ ¥2592　3CE マルチ アイ カラーパレット #オールナイター ¥4700

すっぴん目

下まぶたメイクなし目

完成目

Point

01

Aの右上のゴールドを下まぶた全体、下中央の茶色を目尻1/3にON。

02

B下中央のピンクラメを指で下まぶたの目頭半分にのせ、キラキラに♥

上下シャドーで囲んでおしゃれ顔めざす！

Use It

エチュードハウス ブレンド フォー アイズ ドライローズ ¥1458

すっぴん目

下まぶたメイクなし目

完成目

Point

01

左上のピンクシャドーを下まぶたにON。ブラシで塗るとやさしく発色♥

02

右上の茶色を目尻のキワに塗り、引きしめ効果&目元にニュアンスを出す。

\ 目元の悩み別 /
下まぶたメイクテク♥

悩み　逆さまつ毛

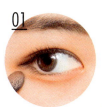
01
Aの上2色を下まぶた全体にON。最後に左下の赤茶を軽く塗ると動画映えする♥

02 Point
Bのビューラーを逆さまにして、下まつ毛の根元をはさんでカールをつけるよ！

03
Cのマスカラ下地を下まつ毛にON★ これを塗ると、マスカラのつきがいい♪

04
3の上にDのマスカラをON。束っぽくなるまで塗ってまつ毛の存在感を出す！

ビューラーでまつ毛を下げてマスカラでキープ！

Use It
A キャンメイク パーフェクトマルチアイズ 03 ¥842　B キャンメイク アイラッシュカーラー ¥648　C メイベリン ラッシュセンセーショナル プライマー ¥1296　D デジャヴュ ラッシュノック アウトエクストラボリュームa ¥1620

055

悩み　ツリ目

01
Aの左上の白を笑ってぷくっとする部分に、指でのせて目元に立体感を出すよ♥

02
Bの左2色を混ぜ、下まぶた全体にON。赤茶のシャドーでおしゃれ度をUP♪

03 Point
2と同じ色を、目尻1/3にON。濃いめ&広めに塗るとタレ目っぽくなるよ！

04
最後にCのラメを目頭にON。目尻が濃いぶん、キラキラでヌケ感をプラス！

目尻シャドー効果でツリ目をタレ目に変形！

Use It
A キャンメイク パーフェクトマルチアイズ 02 ¥842　B ビューティコテージ ラグジュアリーアイシャドウパレットNo1 ¥4212　C 3CE ポットアイシャドウ #ディライトフル ¥2170

> 時短で簡単！

単色ラメシャドーでつくる
1人×2通りの
目元印象チェンジ術 ♥

サッと塗るだけでも存在感を出せるのがラメシャドー。やっぱり女のコは、いつだってキラキラしたオーラを放ちたい♥

オトナガーリー

くすみピンク × パステルピンクラメ

モテガーリー

パープル × ラベンダーラメ

1 Cのクリームラメを上まぶたに塗ってツヤ出し。まぶたのカーブに合わせて広げてね！

2 Aの2色をMIXしてキワからふたえ幅に広げる。下まぶたにも塗り、目尻を濃くして。

1 Aを手の甲に出し、指になじませてからアイホールに広げる。濃すぎない自然な発色になるよ！

2 Cを1と同じ範囲に広げてキラキラに。クリームシャドーの上から重ねることでピタッと密着！

3 Bのバーガンディーラインで上ラインを引く。目尻は少し下げて延長させ、甘めな印象に♥

4 Cをめん棒で下まぶた全体に広げる。指だと広がりすぎるので、めん棒で細く塗ってね！

3 Bのパープルライナーで黒目の終わりから目尻にかけてラインを引く。やや太めに描いてOK★

4 下目尻側の1/3にもBでラインを引き、ブラシでなぞってボカす。やさしいタレ目に見せて♥

A インテグレート ワイドルックアイズ PK373 ¥918（編集部調べ）／資生堂 **B** セザンヌ ジェルアイライナー 20 ¥540／セザンヌ化粧品 **C** インテグレート ウォーターバームシャドー PK274（販売終了）／編集部私物

A キス エッセンスクリームアイズ 07 ¥1296／KISSME（伊勢半） **B** ヴィセリシェ クレヨン アイカラー PU-5 ¥1296（編集部調べ）／コーセー **C** リンメル プリズム パウダーアイカラー 006 ¥864／リンメル

辛めカジュアル

甘めオルチャン

オレンジ ✕ ピンクゴールドラメ

赤みピンク ✕ ビビッドピンクラメ

1 上まぶたに**A**のオレンジを広げる。上にも横にも広めに塗って、ふわっと発色させるのがポイント★

2 下まぶたにも同じ色を。目尻をくの字に囲むように上シャドーとつなげると、キリッとした印象になるよ。

3 ブラウンラインで目元をやさしく引きしめる。**B**で黒目の上が太くなるように引き、目尻は少し下げて。

4 上まぶたの中央にだけ**C**のラメを重ねる。横に広げず、縦長に塗るとオトナカジュアルなオーラが出る！

1 **A**の下段、中央の色をアイホールに塗り、しっかり発色させる。目尻側をやや濃いめに。

2 **B**でピンクラインを引いて甘さアップ。目をあけたときに見える太さに引いてね。

3 2のラインをなぞるように**C**を重ねる。ベースがクレヨンラインだからラメがのりやすい。

4 1と同じ色を下まぶたに濃いめに塗る。このときも目尻側を濃くして目の丸みを強調★

A ヴィセ アヴァン シングルアイカラー 008 ¥864（編集部調べ）／コーセー **B** ジルスチュアート キトゥンアイズ ライナー 02 ¥2376／ジルスチュアート ビューティ **C** M・A・C ダズルシャドウ レッツロール ¥3132／M・A・C

A M・A・C スモール アイシャドウ×9 バーガンディ タイムズ ナイン ¥5832／M・A・C **B** プレイ101 ブレンディングペンシル ＃22（販売終了）／編集部私物 **C** アナ スイ カラー パウダー 301 ¥2160／アナ スイ コスメティックス

EYE MAKE-UP ♥

＼PARTYガールな／
カラフル目元レシピ ♥

目元がカラフルなだけで、鏡を見るたびにハッピーな気持ちに♪
メイクはそうやって内面まで明るく変えてくれる魔法なんです♥

まばたきするたびにキラめく
まつ毛で接近戦デートもOK

キラキラまつ毛
ツインクルアイズ★

ZOOM UP

上下のまつ毛にたっぷりのせた大粒のラメが、黒目を強調してくれて目ヂカラをUP！

1 Aのパール入りジェルシャドーをアイホール全体に指づけして、まぶたにツヤをプラス。

2 Bのラメマスカラを上下のまつ毛にたっぷりON。毛先に重ね塗りしてキラキラに★

A キャンメイク ウィンクグロウアイズ04 ¥540／井田ラボラトリーズ　B エルエースプラッシュ ダイヤモンド マスカラA034G ¥1058／ダイワ商事

1 Aの偏光パールシャドーを指でアイホールにON！色がつかないぶん重ね塗りしてOK。

2 Bのリキットラメシャドーをふたえ幅に塗って、指でアイホール全体になじませてね♥

ZOOM UP

3 Aのシャドーを指に取り、目横のCゾーンにサッとON。光があたって目元が明るく！

A ドド ホログラム アイシャドウ HE03 ¥691／ドド・ジャパン　B エテュセ アイカラートップコート GD01 ¥1296（7／12限定発売）／エテュセ

偏光パールでキラっつく
アイグロスが新しい

角度によって色の見え方が変わる偏光パールシャドーは、薄づきでも目元にオーラを発揮！

目元に星ホロをちりばめて
ギャラクシーフェイス♡

韓国ブランド、chuuのインスタに登場して大反響★ ランダムに少量をのせてるのがコツ。

1
Aのクリアグロスを指に取って、黒目より外側の目の下に薄くON。のり代わりにするよ。

2
Bの星形ホロを指でペタッと1の上にON。幅はランダム、色はカラフルにしてハデに♪

ZOOM UP

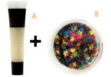

A ケイト ルージュチェンジコート03 ¥756（編集部調べ）／カネボウ化粧品　B クレヨン ドロップホロ スターリィMIX ¥108／キャンドゥ

目元にカラフルなお星さま★ ほかにはない存在感をアピる！

インスタ映えする
カラードッキング

2色カラーの合わせワザが新鮮♪ その日の気分で色の組み合わせを楽しむのが上級者！

1
Aのパープルをふたえ幅に指でのせ、ふたえ幅広めに塗り広げると自然なグラデが完成。

2
Bのホワイトライナーを目尻のふたえ延長線上に、ハミ出しラインを描いて遊び心を出す。

目元のラベンダー×ホワイトはさりげなくTシャツとリンク！

ZOOM UP

A エスプリーク セレクトアイカラー PU101 ¥864（編集部調べ）／コーセー　B エルエースプラッシュ リキッドアイライナーA017 ¥1058／ダイワ商事

HAPPYなカラー組み合わせ見本！

オレンジ×ライトブルー

上まぶたにオレンジとブルー。ドドエッジィカラーズ EC60 ¥1080／ドド・ジャパン

グリーン×ピンク

上まぶたにグリーン、下にピンク。キス デュアルアイズ S10 ¥1188／KISSME（伊勢半）

ブルー×イエロー

黒目上にイエロー、目尻にブルー。キス デュアルアイズ S09 ¥1188／KISSME（伊勢半）

いつものアイメイク＋カラコンで〝メイクうまい感〟は出せちゃう！

（イマドキ盛り方♥）

カラコンは簡単に目元のイメージを変えられる魔法のアイテム。
使わなきゃ損でしょ！　まずは基礎からお勉強しよう♥

カラコン基礎知識

＼パッケージに書いてある言葉の意味を知りたい！／

P(度数)
−（マイナス）の数値が大きいほど視力が低いってこと。自分で判断せず、必ず眼科に行って度数を測定してもらってね！

DIA(レンズ直径)
レンズのいちばん外側の透明な部分を含む直径。瞳の大きさは人それぞれだから、最適なサイズを見つけよう。

BC (ベースカーブ)
レンズのカーブを示す数値。これも眼科で測定しよう！　サイズが合わないとゴロゴロしたり、外れやすくなる。

＼レンズ直径が大きい＝デカ目になるわけじゃない！／
印象を決めるのは着色直径！

小 ←――――――――――――――→ 大

着色直径 13.2mm
裸眼とほぼ変わらないくらいのサイズ感。少し黒目が明るくなった印象で、あくまでも自然！

着色直径 13.4mm
レンズの透け感から、裸眼よりも大きくなったのがわかるね！　まだ裸眼っぽく見える。

着色直径 13.6mm
瞳が大きくなったのが確実にわかるサイズ。黒目がちになったら目ヂカラもUPしたよ！！

着色直径 13.8mm
13.2mmと比べると差が歴然！デザインが自然だからなじんでるけど、カラコン感は強め。

＼どんなカラコンがいいのか正直わからない…／
イマドキ4大人気カラコンをご紹介♥

色素薄め
おしゃれなフンイキ漂う色素薄い系。フチがないぶん、大きめレンズにしないと瞳が小さくなるよ。
☐ 着色直径は大きめ
☐ 3トーン以上のグラデ
☐ ブラウンか黒が入ってる

裸眼っぽ
初心者さんでも安心な、なじみやすいデザイン。黒目がひとまわり大きくなるだけでも写りが変わるよ。
☐ 着色直径は小さめ
☐ 黒目に近い控えめカラー
☐ シンプルでなじみやすい柄

ナチュ可愛
グラデで奥行きが増すと可愛らしい印象に♪　フチはあるけどブラウンってのがポイント。
☐ ブラウンのグラデデザイン
☐ 濃いブラウンの自然なフチ
☐ 明るすぎない自然なカラー

ちゅるん系
うるっとした、ちゅるん系の瞳になりたいなら、明るめの茶色フチのみのデザインを選ぶのが正解。
☐ 瞳よりも明るいブラウン
☐ 茶色いフチだけのデザイン
☐ もとの目よりも大きい直径

スモーキーアイと黒グロスで甘さを極限までセーブ！

#スモーキーアイ

1 Aの左上のスモーキーなブラウンをアイホール全体にのせる。縦幅を少し広くのせてね。

2 アイホールの色よりもワントーン暗い、Aの右下のアイシャドーをふたえ幅全体にのせる。

3 Bで上まぶたのキワにラインを引く。GALっぽくしたくないから、目尻はハミ出さないよ。

4 Cをじか塗りし、Dの黒グロスを全体的に重ねる。ダークなフンイキにしたいけどツヤがあるからヘルシー。

A イヴ・サンローラン クチュール クルール パレット No.13 ¥8424／ヘアメイク私物　B M･A･C プロ ロングウェア アイライナー デファインドリー ブラック ¥3456／M･A･C　C ケイト カラーハイビジョンルージュ RD-3 ¥1296（編集部調べ）／カネボウ化粧品　D キス エッセンスグロス01（販売終了）／編集部私物

カラコンをつけただけでこんなに盛れる♥
すっぴん目

#ヘルシーアイ

トーンの違うオレンジでポップ&ヘルシーに♪

A ヴィセ アヴァン シングルアイカラー 029、B ヴィセ アヴァン シングルアイカラー 022各¥864（編集部調べ）／ともにコーセー　C インテグレート ニュアンスアイブローマスカラ BR671 ¥864（編集部調べ）／資生堂　D M･A･C エクストラ ディメンション ブラッシュ ジャスト アピンチ ¥3780／M･A･C　E ディアダーリン オイルティント ＃3 ¥864／エチュードハウス

1 Aのオレンジシャドーをふたえ幅にON。アイラインを引かないので、しっかり色を出して！

2 ヌケ感を出すために、下まぶたはブラウンを使うよ。Bのシャドーを細くキワにのせる。

3 目元のテンションに合わせて眉もCの赤み系ブラウンに。毛流れにそってマスカラをON。

4 チークは肌なじみのいいピンクで♪ほお骨に影をつけるようにDを外側にのせる。最後にEを唇に塗る。

黒髪でもあか抜ける本命

黒髪だけど
"オトナハーフ顔"
になるなら

カラコン **Claire by MAXCOLOR ARIA**（クレア バイ マックスカラー アリア）

メイク **ホリ深ベージュ EYE**

＼こんなコにオススメ／
- ☑ オトナっぽく見せたい
- ☑ GALっぽいコーデが好き
- ☑ 外国人顔に憧れる

黒髪さんが色素薄めなレンズをつけるなら、髪と同系色のグレーが◎。瞳が浮くことなく外国人風になれるし、強めメイクも好相性。

"目元のホリを自然に強めてグレーの瞳を引き立てる"

"太め眉で海外モデル風"

Color Contact

フチがふんわりなじみ、ハーフ風の透明感ある瞳に。クレア バイ マックスカラー ワンデー アリア [10枚] ¥1944／アミジェス

"透明感グレー"

How to Eye Make-up
自然な陰影に見えるベージュシャドーでまぶたを囲み、アイラインは長めに延長。ストレート＆太めに描いた眉毛も重要ポイント。

How to Lip Make-up
まっ赤だと強すぎるので、ややピンクみのある色をチョイス。下唇を少しオーバーさせて塗り、外国人風にボリュームアップ。

"ツヤあり赤みピンク"

How to Coordinate
オフショルやダメージデニムなど、さりげない肌見せでオトナ度高めに。でも女っぽくなりすぎないよう、カジュアル感も意識。

カラコン×オトナメイク

How to Lip Make-up
落ち着いたオレンジのマットリップをリンカクどおりに塗る。目元が鮮やかなぶん、リップは少しトーンダウンさせてオトナっぽく。

〝オトナ可愛いマットオレンジ〟

幼く見えたり地味になりやすい黒髪だって、カラコン&メイクで簡単にイメチェン可能。トレンドのハーフ顔とカジュアル顔になれるレンズ選び&メイクのルールを教えます！

Color Contact
クリンと大きな目になれる、茶×黒の二重フチ。マックスカラーワンデー ルルピュアブラウン[10枚] ¥1944／アミジェス

〝高発色ブラウン〟

How to Eye Make-up
ふたえ幅と涙袋全体にくすみピンクのシャドーを塗り、下目尻にはブラウンを細く重ねる。アイラインは上まつ毛のすき間だけ。

How to Coordinate
スポーティーなロゴスエットにボーダーをレイヤード。ちょっとメンズライクな着こなしなら、ハデ色コーデでも幼く見えない！

〝くすみピンクの囲みシャドー〟

ちゅるん系のツヤレンズで顔の印象がパッと明るく

黒髪だけど
〝ミーハー
カジュアル顔〟
になるなら

 MAXCOLOR 1DAY
マックスカラーワンデー
RULUPURE BROWN
ルルピュアブラウン

×

 ピンク×オレンジで
ビビッドに

＼こんなコにオススメ／
☑ 明るい色のコーデが多い
☑ 地味になりたくない！
☑ 瞳をしっかり強調したい

いつもよりハデに見せたい日は発色強めなフチありカラコンで黒髪の地味感をOFF。メイクにも色を取り入れて、おしゃれ顔に。

WE LOVE RED

いつだって私が主人公♥

女のコを〝ドラマチック〟に見せる
赤リップの魔法♥

メイクが苦手でもリップがキマれば、全体の完成度がグッと上がる♥
特に〝赤リップ〟は絶対にハズせないマストアイテム！

唇を強調してモテる♥

ナチュラルなツヤ感を味方にあざと可愛い女のコ♥

レッドピンク

HOW TO

赤みの強くない赤リップを、上唇の山だけオーバーめに塗る。唇が薄い人にオススメ♥

A ヴィセ リシェ クリスタルデュオ リップスティック シアー RD463 ¥1620（編集部調べ）／コーセー
B ドド グロッシーリップスティック GL10 ¥680／ドド・ジャパン
C メイベリン リップ フラッシュ ビッテン リップ RD01 ¥1512／メイベリン ニューヨーク

ワインレッド

1本でカッコよくキマる！

目ヂカラに負けない攻めのリップでセクシーな外国人風レッド♥

HOW TO
1. Aで最初に唇のリンカクをしっかりフチ取る。上唇は少しオーバーめだとセクシーな印象に♥
2. フチ取ったリンカクの中を埋めるよ。色がしっかりつくセミマットな質感がオトナ！

A リンメル マシュマロルック リップスティック 028 ¥1404／リンメル　B ケイト ディメンショナル ルージュ RD-1 ¥1296（編集部調べ）／カネボウ化粧品　C リンメル プロボカリプス リップカラー 550 ¥1728／リンメル

グレープ

ハッとする美人顔を狙う♥

女度あがるぶどう色リップでちょっぴりオトナぶるのが気分

HOW TO
1. Aのリップを唇の中央に、スタンプのようにポンポンON。少しずつ塗れば失敗しないよ♪
2. 1で塗ったリップを指でトントンしてボカし、色を唇全体になじませれば自然な発色に♥

A レブロン キス クッション リップ ティント #270 ¥1404（10月20日発売）／レブロン　B ヴィセ リシェ マット リップラッカー RO680 ¥1620（編集部調べ）／コーセー　C ジルスチュアート リップブロッサム ベルベット 06 ¥3024／ジルスチュアート ビューティ

シースルーレッド

眠っているツヤを引き出す！

メイク薄めでもリップさえ塗れば手抜き感ゼロだよ♪

HOW TO
1. Aのクリアレッドのグロスを下唇にたっぷりON。上下に塗ると重くなるから下だけに塗るよ♪
2. 上唇と下唇を合わせて、グロスを唇全体になじませれば、薄づきで自然な血色感をプラス♥

A ケイト カラーエナメルグロス RD-1 ¥486（編集部調べ）／カネボウ化粧品　B ケイト CC リップオイル 01 ¥993（編集部調べ）／カネボウ化粧品　C リマジョリカ マジョルカ ハニーポンプグロス NEO RD441 ¥518（編集部調べ）／資生堂

LIP MAKE-UP ♥

ブラウンコーデには
赤茶リップ

ひと塗りでこなれ感がUPする
ブラウンレッドが大本命 ♥

モデル・浪花ほのか
ほのばび

リップはファッションの一部！服に合わせてリップの色を変える

Use It
メイベリン カラーセンセーショナル リップスティック B 05 ¥1296

美意識高めモデルに聞いた！
人気ティーンモデルの
リップのこだわり&選び方

リップって種類も色も多くて何を買えばいいかわからない…って悩んでる人！ メイク好きなモデルたちの意見を参考にして♪
P.66-67 はすべてモデル本人私物。

01
下唇はリンカクにそってON。濃いリップはムラになりやすいから、ていねいに！

02
上はオーバーめに塗って唇をボリューミーに。唇に立体感が出てカッコよくなる。

肌に溶け込むオトナなピンク♥
甘くなりすぎないマットがツボ

好きなブランドは複数買いして集める！
「M・A・Cとか韓国ブランドの 3CE が好き♥ 次に集めたいブランドは NARS！」

Use It
くすみピンク♥ M・A・C リップレンシティ リップスティック キング サーモン ¥3240

レディースタイルには
ピンクリップ

\ 仕上げが肝心! /

`赤ティント` `深みカラー` `グラデリップ`

リップの塗り方レクチャー♥

意外と塗り方でイメージを変えられるのがリップ。いつも適当に塗ってる…なんて人は、この機にリップの正しい塗り方を学んで♥

赤ティント

自然に盛るなら ポンポン塗り!

指に色を取って、唇にポンポン置くよ。ハミ出しにくいし、自然でやさしい発色。

完成

強めに発色させるなら 重ね塗り!

1

唇全体に1度塗ったら軽くティッシュOFF。余分な油分と液を取ることで発色アップ!

2

リンカクをフチ取りながら重ね塗りする。余分な液を取ってるからにじみにくいよ♥

完成

深みカラー

女っぽさあげるなら オーバーリップ!

1

内側を濃く仕上げたいので、1度目はリンカクよりやや内側に塗る。ざっくりで大丈夫。

2

2回目は本来のリンカクより1mmくらいはみ出させて塗る。ふっくら女っぽい唇に!

完成

ふだん使いなら ボカシ塗り!

1

全体をラフにじか塗りする。リンカクはきっちり取らず、唇からハミ出してなければOK!

2

指でトントンたたいて色の境界線をなじませる。濃い色を自然になじませるテクだよ♪

完成

厚め or 薄め唇のグラデリップ

厚め → マットグラデ

1

コンシーラーで唇の存在を消す
唇と肌の境目がなじむようにフチを中心にコンシーラーをのせる。しっかりなじませて。

2

唇の内側だけにリップを塗る
リップを唇の内側に塗る。はしまできっちり塗ると大きく見えるので、中央だけでOK。

3

唇をすり合わせて自然なグラデに
唇の上下を軽くすり合わせて、プロセス2のリップをなじませる。自然なグラデが完成するよ。

Before

After

薄め → ぷっくりグラデ

1

唇の内側にだけリップを塗るよ
唇の内側にだけ塗る。あとからグラデにするから、広がりすぎないようにサッとひと塗り。

2

指で少しずつ外側に広げていく
プロセス1のリップを外側に向かって、指で少しずつ広げていく。オーバーぎみに仕上げてね。

3

唇の中心にだけグロスをON
重ね用グロスを唇の中心にだけのせる。上側の山部分にたっぷりのせると、ぷっくり感がUP。

Before

After

「"ツヤありティント"と"マットな深みカラー"を制すればトレンドメイクはほぼ成功♥」

\ あざと系 or オトナGAL /

リップとカラコンで印象

あざと系 × ピンクリップ

PiNK

メンズウケ抜群の愛されフェイス

モテ × ツヤピンクリップ

Zoom up!!

ベイビーブラウン

HOW TO
リップはツヤ感を重視して、細かいラメ入りのグロスをチョイス。ほんのり色づくピンクが、やさしいブラウンの瞳ともベストマッチ♥

スリーラブベリー ベイビーブラウン（1箱10枚入り・ワンデー）¥1728／シーンズ

こなれ感のある瞳でオトナっぽく

ガーリー × ベージュピンクリップ

HOW TO
ピンクベージュにグロスを重ねてふっくら感を演出。唇がカラーレスなので、カラコンはほどよく印象的なオリーブブラウンが◎。

スリーラブベリー グリーンティ（1箱10枚入り・ワンデー）¥1728／シーンズ

Zoom up!!

グリーンティ

Girly♥

Kiss me!

SNS映えする華やかなピンク

オルチャン × マットピンクリップ

Zoom up!!

クリアピンク

HOW TO
パッと目を引くショッキングピンクのマットリップは、フチを軽くボカしてグラデーションに。アイシャドーやカラコンもピンクで統一。

スリーラブベリー クリアピンク（1箱10枚入り・ワンデー）¥1728／シーンズ

をチェンジ！

人気のピンク＆オレンジリップで、それぞれ3パターンのスタイルに挑戦。カラコンとセットにすればフンイキをガラッと変えられるよ。

オトナGAL ✕ オレンジリップ

ヘルシーなオレンジリップが主役

カジュアル ✕ マットオレンジリップ

HOW TO
マットなオレンジリップは、少しオーバーぎみに塗ってラフな印象に。リップが主役なのでカラコンはナチュラルなダークブラウンを選択。

ココアラテ

ミミブリュネル by ラルム ココアラテ（1箱10枚入り・ワンデー）¥1620／クイーンアイズ

やさしい目元やリップで女性らしく

レディー ✕ オレンジベージュリップ

HOW TO
ヌーディーなオレンジに、ゴールドのラメ入りグロスで華やかさをON。目元は主張しすぎない黒の細ふちカラコンで、ほどよく甘く。

ハニーリング

ミミブリュネル by ラルム ハニーリング（1箱10枚入り・ワンデー）¥1620／クイーンアイズ

ほどよく引き算するのが正解

クール ✕ オレンジブラウンリップ

HOW TO
落ち着いたオレンジブラウンリップやきつい印象にならない薄づきグレーカラコンなど、やりすぎないのがイマドキ＆オトナっぽさの秘訣。

ミミブリュネル by ラルム ラメールグレー（1箱10枚入り・ワンデー）¥1620／クイーンアイズ

ラメールグレー

Chapter 3

メイクで韓国ガールになる方法

"赤"なら簡単！

韓国といえば赤リップ♥ 唇だけでもグッとオルチャンっぽくなれるからマスターしなきゃ。自分の個性に合った"赤"を選んで！

／チョアヨ♥＼

韓国の女のコといえば、メイク上手なイメージ♥ シースルー前髪までオルチャンになれるHOW TOをしっかり教えていくよ！ 白肌になれるベースからリップメイク、

ボカシテクで
ソフトな発色！
オトナの深みレッドメイク♥

#ブラウンレッド

A ルックアットマイアイズ RD301 ¥650、B マットシックリップラッカー BR401 ¥1458／ともにエチュードハウス

eye
Aのピンクシャドーをふたえ幅にON。

lip
Bを指でトントン左右に塗り広げ、リンカクをボカせば自然なふっくら唇に♥

ミシャの3点だけでOK！

ツヤ肌が主役のオルチャンメイク

オルチャンメイクといえば赤リップや平行眉に力を入れがちだけど、
本物のオルチャンをめざすならムラのないツヤ肌が重要！

つるんと透明感のあるツヤ肌に
ポイントメイクが映える♥

ムラのない**ツヤ肌**のつくり方

手間がかかりそうなイメージのツヤ肌も、ミシャの3点があれば簡単に手に入るよ♪

\ 使ったのはこの3点！/

A M クッション ファンデーション（モイスチャー）No.21 ¥1080、**B** ザ コンシーラー KUMA ¥810、**C** 同 AKAMI ¥810／以上 ミシャジャパン

A クッションファンデ
B クマ用コンシーラー
C 赤み用コンシーラー

― 1 ―

パフにファンデをつける
Aをパフ全体にしっかりつけると、肌にのせたときにベタッと厚塗りになるので半分にだけつける。

― 2 ―

余分なファンデをOFF
ムラや塗りすぎを防止するために、一度手の甲でパフを軽く押さえて余分なファンデをOFFすると◎。

― 3 ―

押さえるようにのばす
化粧下地＆日焼け止めもオールインワンだから時短♥ ほおを中心に内から外側へのばしていく。

― 4 ―

コンシーラーでクマを隠す
寝不足でできる青クマには、赤みのある**B**のコンシーラーを使用。3か所点で置いて薄くのばすよ。

― 5 ―

気になる赤みをカバー
ニキビ痕や小鼻の赤みには、緑がかった**C**をチョイス。気になる部分にピンポイントでのせてね。

― 6 ―

指でトントンとなじませる
プロセス5でのせたコンシーラーを指でトントンとなじませていく。軽くタッチするかんじでなじませて。

― 7 ―

部分的にパウダーをつける
フェイスパウダーをヨレやすい小鼻・目の上・目の下・Tゾーンにブラシで軽くのせれば完成！

ツヤ肌に合う**ポイントメイク**

肌のツヤ感に合わせて、アイメイクやリップもツヤっぽく仕上げるのが正解だよ！

カーブのない中太平行眉

眉頭から眉尻までをまっすぐにするために、眉頭の上と眉山の下を描き足す。毛を1本ずつ足すつもりで描くと、自然な平行眉に！

オールラスティング アイブロウ ダークブラウン ¥864／ミシャジャパン

立体感のあるピンクシャドー

左のいちばん上をアイホール全体に、中央といちばん下を混ぜてふたえ幅にON。最後に右のラメをまぶたの高い部分にのせてツヤを足す。

右から、トリプルシャドウNo.20 ¥820、デューイグロッシーアイズ ピンクイリュージョン ¥1080／ともにミシャジャパン

定番のグラデ赤リップ

唇の中央部分にだけティントを塗ったら、広がりすぎないように上下の唇を軽くすり合わせる。仕上げに指でフチをトントンとしてボカす。

高保湿のウォータージェルティント！ 鮮やかな発色＆ツヤ感で色持ちも◎。ウィッシュストーンティントRD01 ¥864／ミシャジャパン

超日本人顔でも オルチャンっぽくなれるテク公開!!

ここでは、〝オルチャンっぽい〟とは何かを具体的に解説。
すっぴんから仕上がりまでの全顔プロセスにも注目！

テク1 カラコン は フチなしグレーで 透明感のある瞳にする♥

カラコンはGALっぽくない、フチなしがマスト！
グレー系で色素が薄いものを選んで！

韓国系

フチが太いと GALっぽい！

テク2 ベース はクッションファンデで 白肌&ツヤ出し!!

韓国人は美肌が命！ 水分量の多いクッションファンデで、
肌をツルンとコーティング♥

ミシャ M クッションファンデーション
（モイスチャー）¥1080／ミシャジャパン

ファンデをパフに適量取り、顔全体に均一にON！ 顔色がイッキに明るくなるよ！

テク3 眉毛 は太め&平行でりりしく！

カラコンはGALっぽくない、フチなしがマスト！ グレー系で色素が薄いものを選んで！

濃いめのダークブラウン
眉尻を太く

眉山をつくらず、眉尻も上げず、眉頭〜眉尻までをまっすぐに、太めに描くのがポイント。

右の濃いブラウンを使用。パウダーで太めに仕上げ！ アイブローパウダー／編集部私物

眉の形が違うだけでこんなに変わる！

アーチ形は カジュアル！

平行眉なら オルチャン系
韓国系

山をつくらない平行眉は韓国顔の代名詞。太さも均等に。

同じ太めの眉でも、眉山をつくるとイッキにラフな印象に。

Before

肌のくすみと 印象薄の目… すっぴんだと 超日本人顔!!

テク4 目元 はオレンジブラウンシャドーで明るく♥

アイシャドーはトレンドのオレンジブラウンで。単色で目のまわりをぐるっと囲むよ！

オレンジ強めの茶シャドーをまぶた広めに塗って、上下同じ色で囲むのがトレンド♪

右と左の2色をMIXして使用。スタイルナンダ 3CE トリプルシャドウ ¥3608／編集部私物

テク5 チーク はオレンジベージュを広く薄く塗って、立体感を出す！

チークはシャドーとなじむ同系色を。ほんのり色づく程度に薄く塗ってニュアンスを出して。

ザ セム センムル シングルブラッシャー BE2（販売終了）／編集部私物

韓国系

チークの位置を変えて塗り比べ！

濃く塗ると原宿！ ほおの高めに濃く塗って、チークの色みを強調すると原宿っぽい！

斜めに塗るとGAL系！ ほお骨の高い位置からこめかみに塗るとシャープな顔にイメチェン!!

→ **After**

テク6 唇 はセミマットな赤リップで印象的に♥

リップはマットな赤リップ。ハッキリした赤を塗りつつ、フチは指でボカすのが韓国風。

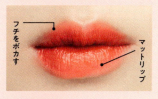

フチをボカす／マットリップ

うるうるだとガーリー！
同じ赤でもクリアグロスをプラスすると、口元が女子っぽく変化！

濃いとGAL！
フチをボカさず、しっかりリンカクを取るとクールな口元が完成！

G9 スキン ファースト リップスティック 06 ¥1152／スキンガーデン

メイクの力で透明感のあるオルチャン顔に大変身！

すっぴんから仕上がりまででこう変わったよ！

テク1 カラコン

↓

テク2 ファンデ

↓

テク3 眉毛

↓

テク4 アイシャドー

↓

テク5 チーク

↓

テク6 リップ

#インスタ映えする
オルチャンメイク HOW TO ♥

強くも、やさしくも見せられるオルチャンメイク。その日の気分に合わせて、メイクだって変えていこう♥

キリッとクールな流し目で
カッコ可愛いお姉さんに！

#センオンニオルチャン

最新のオルチャンメイクにもハマるよ。
強めなハネ上げラインの存在感にも負けない★

使ったのはコレ！

A プレイ101 ブレンディングペンシル クリーミー #06 BR403（販売終了）／編集部私物　**B** ケイト スーパーシャープライナーEX 20th BK-1（漆黒ブラック）[限定] ¥1188（編集部調べ）／カネボウ化粧品　**C** ケイト ディメンショナルパレット EX-1[限定]（販売終了）／編集部私物　**D** メイベリン カラーセンセーショナル リップスティックC RD643 ¥1296／メイベリン ニューヨーク

①

Aのブラウンペンシルで、上まぶたのキワにラインを引く。目尻は少し外側にハミ出す。

②

❶で引いたラインを指で軽くボカすよ。上には広げずに、左右になぞってなじませる★

③

目尻に向かってじょじょに太くなるラインをBで引く。長めにハミ出してハネ上げるよ。

④

Cの右側の上下2色を混ぜ、薄めで太めな平行眉を描く。眉尻は少し長めに描いてね。

⑤

Dのマットな赤リップをじか塗り。オーバーリップで、たっぷりと塗るのがポイント。

グリーンアイ×2色のリップで
愛され妹系メイクに♪

#ヨドンセンオルチャン

白肌・平行眉・赤リップの王道。
カラコンやグラデリップで完成度が2倍増し♥

使ったのはコレ！

A ジルスチュアート リボンクチュール アイズ 19 ¥5400／ジルスチュアート ビューティ **B** メイベリン EVラスティング ジェルライナー エクストラスリム BK-1 ¥1296／メイベリン ニューヨーク **C** イヴ・サンローラン ベビードール キッス & ブラッシュ デュオスティック No.5 ¥5616／編集部私物

①

Aの左下の赤みがかったブラウンを、チップの先を使って上まぶたのキワに細くのせる。

②

下まぶたは**A**の中央の赤シャドーを使用。ライン状になるようにチップでキワにのせる。

③

Bのペンシルでタレ目ラインを引く。目尻はスッと流さずに、最後止めるのがポイント！

④

チークとしても使える**C**の右のマットな赤を、ラフなかんじで唇の中心にだけ塗っていく。

⑤

唇のフチは**C**の左側のマットなピンクを塗るよ★ 2色の境目はなじませてグラデにする。

有名オルチャン風

とにかく前髪が命なんですぅ♥

シースルーバングのつくり方

チュセヨ!

メイクをマスターしたら、トドメは前髪！ メイクの完成度も上げてくれるし、前髪だけで結構フンイキが変えられるから便利♥

毛先だけくるんとアクティブさせれば印象になれる！

chuuモデルテリチャン風
毛先ハネバング

1 前髪を左右にブロッキング。左側を26mmのコテで、前髪の中央から毛先を内巻きに巻く。

2 右側も①と同じコテで内巻きに。クセがつきすぎないように熱を通したらすぐに離してね♪

3 前髪全体をコームでとかす。まん中、右、左に分けてとかすと自然な毛流れになるよ。

毛先をゆるいカールでニュアンスづけするだけで、ちゃんとセットしてる感が出るよ♪

BLACKPINKリサチャン風
おでこチラバング

1 前髪の分け目を6：4に分け、多いほうの毛先をストレートアイロンではさみ、カールさせるよ！

2 前髪に動きが出るように、オイルワックスを根元から指でもみ込んで軽く毛束をつくる

ゆるくカールをつけて斜めに流す。少しだけおでこを見せることによってヌケ感を出す！

分け方がポイント パッツンシースルーの重めなが新鮮！

メイクアップアーティスト PONYチャン風
立体バング

1 上下にブロッキングし、下を内巻き、上を外巻きにカーラーで巻くよ。このまま約5分キープ。

2 バラついた前髪を手ぐしでならしたら、指で自然な立体感を出しキープスプレーをして完成。

表面と内側を2段階に分けて巻いて、ボリューミーな前髪を演出。無造作なカールが上級者！

空気を含んだルーズな前髪が韓国おしゃれガールの最先端！

TWICEモモチャン風
サイド流しバング

1 前髪は黒目の内側と外側に分け、黒目の内側をストレートアイロンでまっすぐに伸ばすよ！

2 黒目外側のサイドの毛をストレートアイロンで外ハネに巻く。毛先を逃がし自然なカールに。

前髪はストンとストレートにして、黒目から外側の両サイドは外巻きにして流すよ！

計算し尽くされたサイドのカールで小顔効果も狙う♥

Chapter **4**

春、夏、秋、冬…
季節ごとに メイクも アップデート♥

季節によってメイクを変えるのは当然。
アイシャドーやリップの色を変えて、
洋服と一緒にメイクも衣替えしよ♥

Spring

キラキラ
ふわふわ♥

春らしいピンクが主役！ 桜みたいに軽やかで女性らしいメイクは、女のコを
最大限可愛く見せてくれること間違いなし♥

ふわツヤ
ピンク
春メイク！

マット×ツヤの質感で遊ぶ、春目なオルチャンフェイス♥

ふんわりマットな目元と対照的に、
リップはツヤたっぷりに。
このふわツヤバランスが新鮮！

❶ 上下まぶたに軽めに**A**を塗る。目尻から目頭に向かって広げると目の幅が広く見える♥

❷ 青みピンクの**B**のリップをベースに塗るよ。ビビッドなピンクで唇を主張させるのが◎！

❸ **C**のグロスを全体に塗ったら、中央に重ねづけしてぷっくり感を強調。ツヤツヤに♥

A
セザンヌ シングルカラー アイシャドウ 03 ¥432／セザンヌ化粧品

B
マキアージュ ルージュ ミニ RS404 ¥1404（数量限定品・編集部調べ）／資生堂

C
ディオール アディクト リップマキシマイザー 009 ¥3888／パルファン・クリスチャン・ディオール

じゅわっとにじむピンクチークを主役に、
女子感高めに♥
目元はベージュで引き算するのが正解。

❶ リキッド状の**A**をアイホールと涙袋になじませる。チョンチョンと置いて指でボカすよ。

❷ **B**を黒目の下を起点にして横長に丸くボカス。中央から外に向かってポンポンと広げてね。

❸ リップはチークと同系色にすると上品なフンイキに。**C**を中央が濃くなるようにON♥

A
ヴィセ アヴァン リキッドアイカラー 005 ¥1296／コーセー

B
顔色が明るく見えるヘルシーなレッド。ポール＆ジョー ジェル ブラッシュ 01 ¥3240／ポール＆ジョー ボーテ

C
dプログラム リップモイストエッセンスカラー RD（医薬部外品）¥1620／資生堂

透け感
チーク
春メイク！

みずみずしいピンクチークでアイドル並みの人気爆発

Summer

\ 太陽より
まぶしい！/

ファッションもカラフルになる夏は、メイクだって華やかに！ ラメをたっぷり
使った、キラキラ目元でテンションも高く♪

**ぬれまぶた
女っぽ
夏メイク！**

うつむくたびにツヤツヤな
色っぽEYEに視線集中 ♥

**ぬれ＆透けてるような
質感のぷるるんっ♥としたまぶたは、
ゆかた姿をさらに色っぽく♪**

❶ Aの薄ピンクのラメ入りシャドーを指で上下のまぶた全体に塗って、ツヤ感のあるまぶたに。

❷ Bの透け感のあるグロスをAのシャドーの上に重ねるようにON。おフェロな目元に変身♥

A ヴィセ アヴァン シングル アイカラー 031 ¥864（編集部調べ）／コーセー

B キス ニュアンスラスターグロス 08 ¥1296 ／ KISSME（伊勢半）

**パキッと発色するホットピンクがブーム！
アクセント使いするだけで
こなれ見え決定♥**

❶ Aのピンクシャドーを指でふたえ幅広めにON。目元がパッと明るく華やかになるよ♥

❷ Bのブラックアイライナーで、まつ毛のすき間を埋めるように引いて目元の印象をUP！

❸ Cのピンクライナーを目尻1／3からON★ 目尻から1cmくらいハミ出し＆ハネ上げ！

 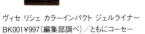

A エスプリーク セレクト アイカラー PK15 ¥864（編集部調べ）コーセー

B ヴィセ リシェ カラーインパクト ジェルライナー BK001 ¥997（編集部調べ）／ともにコーセー

C メイベリン カラー ショー ライナー P PK-1 ¥1080 ／メイベリン ニューヨーク

**ビビッド
ピンクの
キャットアイ
夏メイク！**

小悪魔なキャットラインはピンクグラデで可愛さ♥

Autumn

強めな女らしさ♥

ブラウンと深みのあるピンクがカギ！ 色気が出るとメリハリメイクでいつもより
ちょっぴりオトナな気分を味わおう♥

ブラウン×ピーチ 秋メイク！

ブラウン×ピーチカラーの甘辛バランスは計算ずく♥

ガーリー派は秋もピンクが気分♪ ブラウンと合わせればオトナガールフェイスに♥

❶ **A**の右上のブラウンシャドーをふたえ幅広めにON。

❷ 下まぶたには、**A**の左下のピンクで涙袋をぷっくり見せる♥

❸ **B**のピンクを唇の形にそって全体ににじか塗りして色づけるよ！

A 　B

エチュードハウス ブレンドフォーアイズ #5 ¥1458／エチュードハウス

ケイト カラーハイビジョンルージュ PK-1 ¥1296（編集部調べ）／カネボウ化粧品

今年は秋もキラキラメイクが人気♪ ブラウンと同系色のゴールドラメをアクセントにして！

❶ **A**のラメを指に取って1のシャドーの上にON！これで目元がキラキラして華やかに♪

❷ **B**のブラウンライナーで、目頭から目尻までしっかり太めに引いて、目元を引きしめるよ！

❸ **C**のパール入りグロスを上下の唇にたっぷりのせて、じゅわーっとしたぷっくりリップに♥

A

B
RMK インジーニアス リクイドアイライナー EX02 ¥3024／RMK Division

C
RMK カラーリップグロス 10 ¥2376／RMK Division

アナ スイ カラーパウダー 501 ¥2160／アナ スイ コスメティックス

メタリックブラウン 秋メイク！

なんか女っぽい！の秘密は目元のキラめきにアリ♥

Winter

ビターで
おいしそう！

ワントーンメイクで冬支度！ 甘すぎず、カジュアルすぎない絶妙なカラーメイクで冬メイクのマンネリを打破しよう♪

ピンク フランボアーズ 冬メイク！

ビターチョコカラーで囲みEYE 甘さ控えめの糖質OFF

濃いめのブラウンシャドーで
上下のまぶたをデコレート♥
下まぶたにも塗ると目元のインパクトがUP！

❶ Aをふたえ幅、下まぶたの目尻から目頭に向かって塗ると、目尻が濃くなって目に立体感が出る！

❷ Bのペンシルライナーでねんまくにインライン＆まつ毛の間を埋めて目のフレームを強調！

❸ 肌なじみのよいCのベージュ系リップを唇全体にON。目元が濃いぶん、口元はヌーディーに。

A エチュードハウス プリズムインアイズ BR 407 ¥1188／エチュードハウス

B エチュードハウス スーパースリム プルーフペンシルライナー ブラック（販売終了）／編集部私物

C エチュードハウス ミニトゥーマッチ B E102（販売終了）／編集部私物

甘いピンクのワントーンメイクは、
アイラインで目元を
引きしめることが重要だよ！

❶ Aをアイホールと下まぶたにON。目頭から目尻まで涙袋に広めにのせて、うるうるな目に♪

❷ ピンクシャドーだけだと目元がボヤけるから、Bのブラウンで目のキワを埋めて引きしめる。

❸ ツヤのあるCのピンクティントを唇全体にオーバーめに塗れば、ふっくらな唇を演出できる♪

A エチュードハウス プリズムインアイズ PK002 ¥1188／エチュードハウス

B エチュードハウス スーパースリム プルーフペンシルライナー ブラウン（販売終了）／編集部私物

C エチュードハウス ディアダーリン オイルティント #8 ¥864／エチュードハウス

ビターチョコレート 冬メイク！

大人なベリーカラーにだれもがときめく♥

Chapter **5**

毎日違う「私」を全力で楽しもう！

しっかりチーク
×
タイトシニョン

なりたいイメージ別♥
メイクの完成度が上がる

ヘアアレンジ LESSON!

髪まで手を抜かないのが、おしゃれ上級者。メイクで可愛くなったら、ヘアでもアピール♥

囲みシャドー
×
ふんわりポニーテール

チークレス
×
ゆる巻き

ガーリー × 予定別ヘアアレンジ♥

こなれ感のがんばりすぎないラフさ♪ ヒケツは

手が込んで見えるのに簡単でオトナ女子っぽ♥

こってるふうで華やかアップヘアでシーンにも対応♥

---

01 ショッピング × ゆるだんご

HOW TO

手ぐしで髪を高い位置で1つにまとめる。結ぶとき、最後は髪を抜ききらず、おだんご風に。

毛先に逆毛を立てたり、結び目をゆるめたりして、髪全体をふわふわ&ラフに仕上げてね。

02 家族とディナー × 上品アップ

HOW TO

こめかみから上の髪を後頭部でまとめ、毛先は抜ききらずにおだんごにして結ぶ。

下段の髪を少しずつねじって1の土台に巻きつけてピンで固定。トップの髪を引き出す。

03 カフェランチ × くるりんぱ

HOW TO

全体の髪の毛を32mmのコテで内巻きにして、トップの髪を根元に余裕をもたせて結ぶ。

1の穴に毛束の毛先を上から下に入れ込んでくるりんぱ!トップをゆるめてラフに。

カジュアル × 分け目で印象チェンジ♥

きっちりタイトに分けてレトロガールに♥

サイドをゆるく固定してスッキリ&色気を両立♥

三つ編みを散らすだけ！ぶきっちょでも余裕！★

01
サイド9:1分けで
スッキリ耳かけ

HOW TO

1 前髪を9:1で分け、コームでタイトになでつけて耳にかける。

2 カラフルなピンをつける。仕上げにスプレーをかけて、細かく浮いた毛も固める！

02
センター分けで
ストリート風三つ編み

HOW TO

1 コームの端でトップをジグザグにセンター分け。分け目をあいまいにすると、こなれ感が出る。

2 少量の毛束を取って、左右で三つ編みを2〜3コつくる。ゴムはくずして巻くと、シャレた印象になる♪

03
サイド7:3分けで
スポーティーハーフアップ

HOW TO

1 前髪をラフに取り、後ろ向きにねじってピンどめ。ちょうど、髪をかき上げたときの位置で固定。

2 毛束をゆるめて、ラフなフンイキを出す。全体的に髪は、無造作に仕上げるのがポイントだよ。

GAL × 前髪アレンジ♥

いさぎよく引っつめて海外ディーバになりきり★

ねじりの毛束ニュアンスでこなれ感がイッキに上昇！

センター分けの外巻きでオトナっぽオーラ放出

とめる
ねじねじ ポンパドール

HOW TO

1　前髪＆トップを縦に3等分し、後ろ向きにねじってピンどめ。

2　とめた髪の根元を少し引っぱり出して、立体感をつくる。これでGALっぽいハデさが出るよ。

結ぶ
オールバック ポニー

HOW TO

1　クッションブラシでとかしながら、高い位置でポニー結び。極力タイトにまとめるのがコツ。

2　しっぽ部分の毛束を少量取り、結び目に巻きつけてピンで固定。ゴムを隠してこなれさせて。

下ろす
オルチャン風 外巻きバング

HOW TO

1　トップをジグザグにセンターで分ける。26mmのコテで、顔まわりを中心に全体を外巻きにする。

2　前髪は眉下から外巻きにするよ。コテを斜めに持って角度をつけると、サイドの髪となじむ！

サイドシニョンだんご

オトナっぽく見せたいなら変化球なアシメヘアが推し！

トップボリュームだんご

ゆかたをいちばん可愛く見せるスッキリうなじ見せアレンジ♥

HOW TO　えり足と顔まわりに後れ毛を残し、サイドで三つ編みに。毛先をゴムで結んで編み目をゆるめたら1周丸め、ピンで固定。花飾りもつける♪

HOW TO　顔まわりの毛を残し、高めの位置で1つ結び。コームで逆毛を立て、軽くねじりながら根元に巻きつけてピンでとめ、花飾りをつける。顔まわりの毛は巻く。

夏盛りヘアアレンジ見本

ファッションも一緒に楽しむ！

夏には夏のヘアアレ♥　出かけることも多いこの時期は、髪型にもこだわってSNSにじゃんじゃんUPしちゃおう！

花火 × ゆかた

ツイストカチューシャ風まとめ髪

気になる彼とバッタリ会っても余裕かませる女子っぽさUP♥

HOW TO　髪を片側に流し、毛束を2等分してねじり合わせる。毛先までねじったら頭頂部を通って逆サイドに持っていき、毛先を逆の耳裏でピンどめ。最後に飾りをON。

HOW TO　前髪〜トップの毛を縦に3等分。それぞれゴムで結んでくるりんぱし、ねじった部分をつまみ出してゆるめる。飾りをつけて完成。

くるりんぱくずしリーゼント

ピンどめナシで完成するからくずれにくいのがうれしい♪

プール × 水着

高めポニー

シンプルだけどメンズがいちばん好きなやつ♡

HOW TO 頭のてっぺんに髪を集めてポニーに。あごを引いて髪を集めるとえり足がたるまないよ。さらにヘアバンドでくずれ防止。

前髪編み込みオールバック

前髪ぬらしたくないからいっそ編み込んじゃう的な！

HOW TO 前髪〜トップを後ろに流し、編み込み。後頭部まで編んだら細ゴムで結び、編み目を引き出す。毛先はアイロンで外ハネに。

三つ編みローだんご

オトナっぽくてキュン！ガーリー水着と相性100%

上下ダブルだんご

ピンいらずのおだんごだからくずれたあとも手直し簡単♪

HOW TO 耳の後ろでサイドポニーに。毛束を三つ編みにしてゴムで固定し、編み目をゆるめる。根元に丸め、おだんごにしてピンどめ。

HOW TO 耳ラインで髪を上下に分ける。それぞれカラーゴムで結び、毛先を抜ききらないおだんごにして、表面の髪を引き出す。

コテで巻いて動きをつけとくとイッキにこなれ感が出るよ★

甘めキャラはBBQでもガーリーにモテ狙い♥

横向きちょこん

前髪編み込み

HOW TO 前髪の中央とトップの髪を取り、カラーゴムで結ぶ。横に倒しながら結ぶと毛先がサイドに流れて可愛い♥

HOW TO トップ〜前髪を8:2に分け、多いほうの髪に前髪を入れながら片編み込み。こめかみまで編んだらピンでとめるよ！

夏フェス × ハデトップス

オールアップ チビだんご

絶対目立つやんちゃヘアでファンサGET確実でしょ★

HOW TO 髪全体を適当に7ブロックくらいに分け、それぞれ細ゴムで結ぶ。毛束をきつくねじりながら丸め、毛先を根元でピンどめ。

くるりんぱ ほぐしだんご

ふつうのだんごじゃカブるからくるりんぱを合体♪

たっぷりリボンを編み込んでとことんガーリーに攻める♥

HOW TO 1 トップの髪を右左に分けたら、それぞれ毛束を3つに分け、そのうち2本の根元にリボンを結びつける。

2 リボンも一緒に耳上までゆるく編み込んだら、後頭部に持っていって1つ結びに。リボンはちょうちょ結びにする。

リボン編みハーフアップ

HOW TO てっぺんで1つに結び、毛束の中間をさらにゴムで結ぶ。中間の結び目に3回毛先を通してくるりんぱ。ねじり目をゆるめたら、毛先を最初の結び目に巻きつける。飾りピンもつけてね！

夏のかぶりものありき♥ ヘアアレンジ

カンカン帽

三つ編みくるりんぱ

チラ見せの三つ編みでガーリーさを引き立て♪

HOW TO　耳上の髪を左右に分けて三つ編みにし、毛先を仮どめしたものと髪全体をえり足で結んで、くるりんぱする。

毛先長め三つ編み

ゆるっと残した毛先からヌケ感をただよわせて♪

HOW TO　トップ〜前髪を8:2に分け、多いほうの髪に前髪を入れながら片編み込み。こめかみまで編んだらピンでとめるよ！

サンバイザー

折り返しチビだんご

ボブは目線を上げるアップヘアで軽さを出そ★

HOW TO　こめかみラインから上の毛束をざっくりすくい、てっぺんで結ぶ。毛先を抜ききらない輪っかおだんごにし、表面をくずす。

HOW TO　えり足で1つに結び、くるりんぱをしたら、そのまま連続して毛先をくぐらせ、最後は毛先を中に入れてピンどめ。

キャスケット

キャスケットにはオトナヘアでこなれ感をアピール

くるくるりんぱアップ

オルチャン風内巻き

キュートなカールで甘可愛オルチャン♥

HOW TO　全体を5等分して、毛先を25mmのコテで1回転分内巻きに。ブラシで内側からとかしてカールを整える。

三つ編みツイスト

帽子×サイド編みはオトナ見えの鉄則！

HOW TO　サイドにまとめた髪を2等分して三つ編みし、毛先を仮どめ。2本をゆるくねじり、毛先をゴムで結ぶ。バレッタをON。

Girly

〳辛〵
ツンデレキャット
×囲みブラウン

男子ウケといえば
コレ！ってくらい
ドハマりしてる
王道ガーリー

〳甘〵
モテナチュラル
×ツヤリップ

ブラウンレッドの
強め囲みアイで
攻めのツンツン
気まぐれキャット

¥500以下
プチプラコスメ
だけで♥

〳甘辛〵
2way別人顔メイク始めます！

みんながリアルに買えちゃう税抜¥500以下のコスメだけで
人気モデルたちが大変身♥　簡単テク満載だから、みんなきょうからマネしてみてね〜♪

Ulzzang

学校メイクにも◎
ナチュラルアイは
韓国アイドルが
お手本だよ♥

〳辛〵
ガールクラッシュ
×囲みアイ

目元にしめ色ON！
まわりから一目
置かれるクールな
レディー気分♥

〳甘〵
ガーリーオルチャン
×グラデリップ

Girly

1. 上まぶたに❹のシャドーを指で塗る。中心に置いてから指で広げていくとほんのり色づく♥

2. ❺のリップをリップラインにじか塗り。ナチュラルに仕上げるために重ね塗りはNGだよ!

\ Use it! /

Ⓐ マジョリカ マジョルカ シャドーカスタマイズ BR583 ¥540(編集部調べ)／資生堂　Ⓑ ちふれ 口紅（詰替用）345 ¥378、ちふれ 口紅ケース メタル2 ¥324／ともにちふれ化粧品

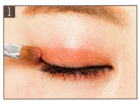

1. ❹のシャドーをブラシで濃く塗るよ。上まぶたはふたえ幅ぴったりが◎。

2. 下まぶたにもブラシで❹のシャドーをON。目頭～目尻まで大胆にね。

3. ❺のリップを、ブラシでリンカクにそって2度塗り。しっかり色づくよ!

Ulzzang

1. ❹の左側の濃いブラウンを、チップの細いほうでアイライン風に重ねる。

2. 同じ色を下まぶたの目尻側1/3にも使い、引きしまったクールな目に!

3. ❺をリップラインにそって2度塗り。重ねることでムラがなくなるよ!

\ Use it! /

Ⓐ ちふれ アイ カラー（チップ付）79 ¥388／ちふれ化粧品　Ⓑ ディアダーリン ウォータージェルティント RD302 ¥519／エチュードハウス

1. ❹のシャドーの右側のピンクブラウンを上下まぶたに指で塗るだけ!

2. ❺のティントを付属のチップのまま唇の内側に数点のせてね。

Gal

1. アイホールをオーバーするラインまで、Ⓐのシャドーを指でざっくり塗る。

2. 下まぶたにはブラシを使うよ。Ⓐを目頭〜目尻まで均等な濃さで細めに塗ってね。

3. Ⓑをじか塗り。ヌーディーな色はリンカクどおりに塗るだけでぷっくり見え！

Ⓐ ルックアット マイアイズ BR401(販売終了)／編集部私物　Ⓑ セザンヌ ラスティンググロスリップ PK1 ¥518／セザンヌ化粧品

\Use it!/

1. Ⓐのシャドーをブラシでον。目尻から三角形を描くように塗る。

2. 下まぶたは上のカラーとつなげるように目尻部分だけに塗ってね。

3. Ⓑのリップを少量指に取り、ポンポン広げていくと濃くなりすぎない。

Cool

1. 上まぶたにはⒶの右側のピンクを使うよ。アイホール全体に塗ってね。

2. 下まぶたはⒶの左側の白いラメで涙袋を強調するよ。うるツヤアイをGET♥

3. Ⓑをリップラインに合わせてじか塗り。しっかり色づくように、2回塗るよ。

Ⓐ セザンヌ ツーカラー アイシャドウ ラメシリーズ 02 ¥432／セザンヌ化粧品　Ⓑ ちふれ リップスティック Y 744 ¥540／ちふれ化粧品

\Use it!/

1. Ⓐの右側のピンクを、黒目上から目尻にかけて幅広くハネ上げる。

2. 下まぶたにも1のピンクをON。黒目の終わり〜目尻にかけて涙袋幅でね。

3. Ⓑのリップは手持ちのブラシでリンカクに合わせて塗るとオトナ。

Casual

1. Ⓐのシャドーを指でざっくり上まぶたに塗り、下まぶたはブラシで目尻のみ。

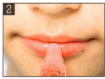
2. Ⓑのグロスをリップラインに沿って直接塗っていくよ。出しすぎに注意してね。

3. グロスを指にとり、唇の中央だけ重ねる。立体感が出てぷるツヤ唇をGET♪

Ⓐ ルックアット マイアイカフェ PK007 ¥500／エチュードハウス　Ⓑ マジョリカ マジョルカ ハニーポンプグロスNEO PK 247 ¥518(編集部調べ)／資生堂

\Use it!/

1. 下まぶただけにⒶのシャドーをON。目頭〜目尻までブラシで塗ってね。

2. Ⓑのグロスをじか塗り。ティッシュOFFでツヤを抑えたら学校メイクにも◎。

\ 永久保存版！/

To. メイク初心者

P.105〜109 はすべて編集部私物。

いまさら聞けない
メイクの〝基本のき〟教えます♥
Q & A

VOL.1 ベースメイク（編）

BASE.

肌の土台をつくって整えるのがベースメイクの役割。毛穴や肌の色を調整することで、
見違えるほどキレイな肌になるのでしっかりマスターしてね★

Q1 下地・ファンデーション・パウダー…いろんなアイテムがあるけど何が違うの？
それぞれに役割がきちんとある！

下地
ファンデのノリをよくするのが下地の役割。毛穴カバーや肌色補整ができるタイプもあり。

ファンデーション
肌を美しく見せるために重要なアイテム。パウダー、リキッド、クッションなど種類はいろいろ。

パウダー
メイクくずれを防ぐのが、パウダーの大事な仕事。パフをすべらせて、薄い粉をのせるのがコツ。

Q2 クッションファンデ、リキッドファンデ、パウダーファンデ…いろんな種類があるけど、どれがいいの？
好みの質感や仕上がりで選んじゃってOK！

パウダーファンデ
粉タイプのもので、つけるとマットな質感に変化★ つけ心地が軽くてラク♪

インテグレート プロフィニッシュファンデーション オークル20 ¥1836（ケースつき）

リキッドファンデ
水分が多いので保湿力が高く、のびがいいのが特徴。自然な素肌感を出せる。

ケイト スキンメイカーゼロ（リキッド）02 ¥1728

クッションファンデ
パウダーの手軽さとリキッドのカバー力のいいとこ取り。下地を使う必要もなし。

エチュード エニークッション オールデイパーフェクト ベージュ ¥2376

> **ちなみに…**
> パウダーファンデと
> パウダーは何が違うの？
> **形は似てるけど、役割はまったく違う別のもの！**
> パウダーは、メイクをキレイに見せて長持ちさせる仕上げ専用のもの！

Q3 ファンデはどこまで塗ればいいの？
顔のリンカクのキワまで！

おでこは
おでこのキワは塗り忘れが多いので、パフを折って生え際までしっかり塗る。

あごは
顔全体にファンデを塗ったら、残ったファンデを首元までのばしていこう。

Q4 色つきの下地はどんな効果があるの？
肌の色を補整して均一に整えてくれるよ★

ピンク
血色が悪く、肌のくすみが気になるならピンク。肌が健康的になって、可愛らしくなる♥

グリーン
ニキビあとや肌の赤みをカバーする、グリーン。全体ではなく部分的に使うとGOOD。

パープル
肌の色を明るくして、透明感を出すのがパープル。日本人の肌の色にいちばん合う色★

Q5 ハイライトって何？
肌に立体感を出すもの

くすみをとばしたり、ツヤ感が出せるよ。高く見せたいところに塗ろう！

こんなものがオススメ★
・ベージュ系
・パール感のあるもの

2色入りだからなじみやすい。シーティブ ハイライトカラーズ No.1 ¥1944

白のパール入りは浮きやすくて、老けて見えがちなので薄いベージュ系がベスト。

Q6 シェーディングって何？
肌を引きしめて見せるもの

あえて暗い部分（影）をつくることで肌にメリハリをつけるので小顔効果大。

こんなものがオススメ★
・マットなもの
・パウダータイプ

初心者が使いやすいのはパウダー。マットなタイプだとしっかり影ができるので理想的♪

どんな肌色の人にも合う多色タイプ。セザンヌ ミックスカラーチーク20 ¥734

Q7 コンシーラーはどんな色を選べばいいの？
肌のお悩みに合わせてカラーをチョイスして★

クマにはオレンジ系、小鼻まわりの赤みやニキビあとは明るいベージュを選択。

そのほかの肌トラブル →  ← クマ

やるならベースメイクのあと！
目の下は放射状、鼻スジはスッとのばすように塗るとツヤが出る。指を使うよ。

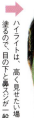
ハイライトは、高く見せたい場所に塗るので、目の下と鼻スジが一般的。

やるならベースメイクのあと！
顔のまわりを1周するかんじ。ほおの下は「深めに入れるとシャープな印象に。
ファンデよりワントーン濃い色を選び、ブラシでササッとなでるように塗るよ。

VOL.2 アイメイク編

顔のなかでいちばん目立つパーツといえば、目★ 眉毛にシャドーにラインにまつ毛…すべてのバランスを調整して「可愛い♥」とホメられるアイメイクをめざそう！

顔全体の印象を変える重要なパーツ★

眉毛

眉毛の整え方と描き方に悩んでる人ってけっこう多め。地眉を生かして自然に♥

Q8 どのくらいの太さ&長さがちょうどいいの？
小鼻と目尻の延長線上で太め

小鼻と目尻をつないだ延長線上に眉尻がくるとベスト。太さは7mmくらいが理想的♥

Q9 眉山や眉尻ってどこのこと？

眉尻 眉毛の終わり地点で、目尻の上。この部分の形が整っていると、自然な美眉に♥

眉頭 眉毛の始まり地点で、目頭の上。ここは基本的にはあまりいじらないで！

眉山 眉毛のなかでいちばん高い位置が眉山。高ければ高いほどツリ上がった形に。

Q10 眉毛ってどうやって描くの？
毛の間を埋めるようにして描く

① ベースメイクのあと！ まずは眉尻の位置を決めてから、なりたい眉のリンカクをペンシルで描くよ。

② 次に、眉頭のリンカクを描いていく。毛の間を埋めるようにやるとナチュラル。

③ 中央と眉尻の毛の間もペンシルで埋める。1本1本描くようにやるのが正解！

④ 最後にめん棒を使って、全体をボカしながら自然な仕上がりに導いていく。

Q11 ペンシル、パウダー、マスカラ…眉アイテムって何を使えばいいの？
自分の目的に合わせて選んで！

複数アイテムを使うときは
ペンシル
↓
パウダー
↓
マスカラ
の順だよ！

ペンシル 芯がやわらかくて色が密着しやすいから、立体的に仕上がる。使い方も簡単♪

パウダー パウダーで描くとふんわりと仕上がる★ 多色入りだと自分の眉に合う色がつくりやすい。

マスカラ 眉毛に塗るマスカラ★ 基本は仕上げに使って立体感を出して好みの色にする。

Q12 アイホール、ふたえ幅、キワ…それってどこのこと？

ふたえ幅 目のキワからふたえラインまでの間。広いほど、目ヂカラが強め!!

アイホール 眼球の形にそったくぼみの部分。指をそっと当てるとわかりやすい。

涙袋 目の下にあるふくらみのこと。クマのたるみとは別物だから要注意。

キワ 目とまぶたの境目の部分で、通常、アイラインを引くところ。

グラデをうまく操ってデカ目に見せたい！

アイシャドー

まぶたの色が変わると目の印象も劇的に変化。初心者はブラウンのグラデから攻略していこう。

Q13 アイシャドーチップってどうやって使うの？
太さによって使い分ける★

細いほうは目のキワに！ 目のキワや目尻など細かい部分を塗るときは細いチップの先を使うとうまくいく。

太いほうは広い部分に！ 広い部分にシャドーをのせるときは太いチップの面を使って、こすらずにのばす。

Q14 囲みシャドーをやってみたいけど難しそう…。
コツさえつかめば意外と簡単にできる！

① 上から2番目の色を、ふたえ幅よりも広めに塗り、下から2番目の色をキワに塗る。

② 下まぶたは、下から2番目の色を目尻から目頭に向けて細く塗っていく。

シャドーで囲むと、ラインとちがって、強くなりすぎなくて自然。だけど、目ヂカラはUP！

メイベリン ビッグアイシャドウ BR-2 ¥1512

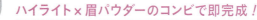
使ったのはコレ！

Q15 涙袋メイクってどうやるの？
ハイライト×眉パウダーのコンビで即完成！

① ツヤ感のあるハイライトを指に取って下まぶたのキワに塗り、涙袋のふくらみをつくる。

使ったのはコレ！

ぬれたようなツヤを演出。リンメル イルミナイザー 003 ¥1296

② 眉パウダーで涙袋の影を薄く描く。黒目下部分を濃くすると陰影がハッキリするよ！

ケイト デザイニングアイブロウ 3D EX-4 ¥1188

涙袋が広くなると目の縦幅が広がるし、女のコらしく見えるから、メイクでぷっくりさせちゃおう♥

EYE.

アイライン
目の形や大きさを左右する、責任重大ライン

アイメイクのなかでも目ヂカラにいちばん関わるアイライン。やるとやらないでは、大違い！

Q16 目頭と目尻ってどこまで引けばいいの？
キワのキワまでしっかりていねいに

目頭はこう！
軽く引っぱり、目頭のキワまで引く。前から見たとき、肌色が見えないのが◎。

目尻はこう！
目尻は、正面から見て、ラインが見えるギリギリのところまで。見えないと短すぎ！

Q17 アイラインの引き方を教えて！
とにかくすき間を埋めるのみ★

❶ シャドーのあと！
まず、両目がきちんと見える距離に鏡を用意してから、アイラインを引くよ。

❷ アイラインは、上の目尻から描き始める。目頭までこきざみに動かしながら目のキワに引く。

❸ 次にまつ毛の間を埋めていく。こうすることで、目元がくっきりするよ★

❹ まぶたを持ち上げながら、上のねんまく全体にラインを引く。これをインラインというよ。

❺ 目尻のラインは消えやすいので、あらかじめ濃くして！少し描き足したら完成♪

Q18 理想的なラインの太さってどれくらい？
正面から見てわかる太さ

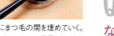
NG　OK
太すぎるラインは目が埋もれて見えるし、細すぎると効果なし。引いてるのがわかる太さが最適♥

Q19 目尻のラインを変えてイメチェンしてみたい！
なりたいフンイキで変える

甘めならタレライン　強めならタレハネライン　キレイめなら流しライン

目尻から3mmたらす。奥ぶたえのコヤツリ目のコは、さらに長くたらしたほうが甘くなる。

目尻から1mmほどたらしてから、下まぶたのカーブにつながるように軽くハネさせれば完成！

目尻からそのまま3mm流すとオトナっぽさをかねそなえたキレイめメイクに大変身★

Q20 目頭や目尻の細かい毛ってどうしたら上手に上がる？
ホットビューラーがあると便利！

押し当てるだけでカールがつくホットビューラーは短い毛も確実に上げられる。

折りたたみ式で持ち歩きにピッタリ。KOBAKO ホットアイラッシュカーラー ¥3240

まつ毛
高い女子力を誇れる長いまつ毛が理想的！

長いまつ毛はみんなの憧れ。しっかりした上向きカールでバッチリ目をGETしちゃお♪

Q21 カールをキープする方法ってある？
マスカラ下地を使って！

マスカラの効果を最大限に引き出す役割のマスカラ下地を使えば、カールのもちもよくなるよ

Q22 マスカラを塗るときにまぶたについてしまう…。
細かくていねいに塗っていこう

一度にたっぷりの量をグイッとつけると、まぶたにつきやすい！ちょっとずつ弱い力で塗り重ねるのがカギ。

Q23 つけまつ毛のつけ方を教えて！
まつ毛の根元に専用ののりでつける

❶
つけまを指で持ち、つけまの根元に専用ののりを薄く塗っていく。

❷
のりが半乾きになったら目尻側から合わせて、目のキワに貼っていく。

❸
地まつ毛の根元を指で少し押して、つけまと密着させ、なじませる★

Q24 マスカラを塗るとまつ毛がダマになる！
コームを使うと簡単！

繊維入りのマスカラはダマになりやすいので仕上げにコームでとかして！

Q25 マスカラってどうやって塗るの？
まつ毛の根元からていねいに！

❶ ビューラーのあと！
ティッシュにブラシをすべらせて、余分なマスカラ液を取り除くよ。

❷
まつ毛の根元を立ち上げるような感覚で、ブラシをそっと当てる★

❸
ブラシを左右にジグザグさせながら、まつ毛の先までマスカラ液をつける。

❹
目頭のまつ毛にマスカラを塗るときは、ブラシを立てるとやりやすい！

❺
ブラシを横にして、下まつ毛にも、根元からマスカラ液をつけていく。

❻
下まつ毛の目頭と目尻の部分も、ブラシを立てながら塗るとよくつくよ♪

CHEEK.

VOL.3 チーク 編

顔色をパッと明るくしてくれるチーク。顔の印象を大きく左右するパーツだから、顔の形や自分のフンイキに合った色や入れ方をしっかり見極めることが必要★

Q26 クリームチークとパウダーチークはどっちがいいの？
好みや目的によって使い分けるのが正解！

クリームチーク
質感がやわらかくて色が密着しやすいから、立体的に仕上がる。使い方も簡単♪

↓仕上がりはこう！

肌の内側から色がにじみ出る感覚♥

クリームチークは指に取って、トントンたたき込みながら塗り広げればOK★

パウダーチーク
サラッとした軽いつけ心地で、脂性肌のコ向き。発色もよくて、くずれにくいのが利点。

↓仕上がりはこう！

ふんわり色づいて血色もいいかんじ

ブラシでほお骨の中心から外側に向けてボカす。広範囲につけすぎないよう注意。

Q27 チークってどうやって塗るの？
内側から外側にボカす！

❶ マスカラのあと！
まず、右の濃いオレンジをブラシに取り、手の甲で余分な粉を落としておく。

❷ ほお骨よりもちょっと内側の位置にブラシを置いて、チークを入れていくよ。

❸ 斜め上の外側に向けてブラシをすべらせていて、チークの色を広げるよ。

❹ 薄い色のチークをブラシに取って、②のチークのリンカクをやんわりボカす。

こんなアイテムもあるよ！

健康的なオレンジ系。セザンヌ ミックスカラーチーク 03 ¥734

Q28 どのくらい濃くすればいいの？
ほんのり色づく程度でOK

NG　OK

あまりに濃いと、まるでくまモン！自分ではちょっと薄いかな、くらいがまわりから見てちょうどいい♥

Q29 何色のチークを買うべき？
どんなフンイキにしたいかがカギ

カジュアル系はオレンジ

日本人の肌にいちばん似合うオレンジ。健康的な肌に仕上がるのも特徴。

ガーリー系はピンク

ガーリーの王道といえばピンク。濃くつけると残念なのでさりげなく♪

オトナ系はローズ

落ち着きカラーのローズは、肌になじみやすくて顔色もよく見える★

Q30 チークってどういう形に塗ればいいの？
顔の形によってチークの形が違うよ！

エラ張りさんは丸

エラを目立たなくするためにはチークを丸く入れて、やわらかさを演出！

面長さんは横長だ円

小鼻の横から耳のほうに向けてチークをのせると面長感が軽減される♪

丸顔さんは逆三角

少し長めの逆三角を描くようにチークを入れて、縦のラインをつくる！

VOL.4 リップ編

色をのせるだけで、メイクしてる感が生まれるから、リップでメイクデビューするコも多いはず。色のつき加減や仕上がり、色など選択肢が幅広すぎる!!

Q31 色つきリップ、リップグロス、口紅…何がどう違うの?
発色も質感もけっこうバラバラ★

口紅
色がしっかりつくのは口紅。好みの質感のものを選んでね!

リップグロス
透明感を重視するならグロスがNo.1。色というよりもツヤ。

色つきリップ
ベースがリップクリームなので、保湿力はダントツ。色は薄め!

Q35 マットとツヤってどういうこと?
パッと見、輝きがあるかないか!

マットリップ
発色のいいものが多く、しっかり色を塗ってる感が出るから、印象的!

ツヤリップ
透明感があって、つけると唇がツヤうる♥ 女のコっぽい仕上がり。

Q32 オーバーリップって何のこと?
ひとまわり大きな唇♥

Before / After

唇よりひとまわり大きくリンカクを取って塗るから、唇が厚くなって色っぽく仕上がる!

❶ ブラシに取った口紅で、口角と山のリンカクをオーバーに取る。
❷ リンカクからハミ出さないように気をつけながら、中を塗りつぶす。

ちなみによく聞く用語はコレ!
山 上唇のまん中で、ちょうど2つの山の形になっている部分のこと。
口角 唇の両端のこと。口角が上を向いていると、笑っている印象になる♪

Q33 グラデリップってどうやるの?
中央に少し濃い色を塗る♥

❶ 左のリップクレヨンを、唇の中央に塗って、しっかり色づけていくよ。

❷ 右の薄色グロスで、❶のリンカクをボカシながら、唇全体に色をのせる。

左・レブロン マット バーム 15 ¥1296
右・同 ウルトラ HD マット リップカラー #690 ¥1620

Q34 リップがすぐ落ちちゃうのが悩み
そんなときはティントリップの出番

唇自体を染めるのがティント。色が定着するから、色落ちの心配もなし!

こんなアイテムもあるよ!
リンメル マジカルステイ リップコート ケアプラス ¥1620
ディアダーリン ウォータージェルティント RD308 ¥756

Q36 グロスってどのくらいつけるべき?
1往復くらいでササッとつけよう!

 NG
 OK

つけすぎると、グロスが流れてリップがデコボコになる危険性が高い。

気になる毛穴＆色ムラを
カバーしてスベスベつるん♡

「あざとすっぴんメイク」で

すっぴんみたいにナチュラルなのに、ちゃんと可愛いのが学校メイクの理想。素肌っぽさは残しつつ、お肌の悩みを隠せちゃうパウダーや下地で先生にバレずに可愛くなって♥

リコリコの
学校ポーチの
中身

すっぴんクリーム
リップティント
すっぴんパウダー
アイケアスティック

あざとすっぴんコスメで
友だちと差をつけて

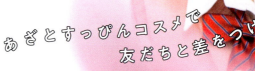

スキンケア効果が高く、つけたまま眠ってもOKな"すっぴん"シリーズ。左から時計まわりに、クラブ すっぴんパウダー ホワイトフローラルブーケの香り¥1728、同 すっぴんクリーム ホワイトフローラルブーケの香り¥1296、同 すっぴんリップティント¥1080、同 すっぴんアイケアスティック¥1080／以上クラブコスメチックス

Base & Cheek
ベース&チーク

1
血色が欲しいほおには、淡いピンクの「すっぴんクリーム パステルローズの香り」を。

2
ほお以外はホワイトフローラルブーケの香りのクリームを塗って肌の透明感を高めて。

3
すっぴんパウダーを重ねてクリアな肌に。素肌感はあるのに欠点だけカバーできる!

先生にバレずに可愛くなれる学校メイク

Eye & Lip
アイ&リップ

1
アイケアスティックを上まぶたに広げるよ。血色が足されて、目元がパッと明るくなる♥

2
マスカラは先生にバレちゃうから、透明マスカラ&ビューラーでまつ毛をカール。

3
保湿もできるリップティントを2度塗り。もっと赤みが欲しいコは上から好みのリップを重ねて。

学校でもキラキラしたい♥

寝坊した朝は5分でつくる ふわサラ肌メイク

1
クリームはホワイトフローラルブーケの香りを使用。ほお全体に広げて色ムラOFF。

2
急いでる朝でも、クリアタイプのすっぴんパウダーなら塗りムラもなく時短でサラサラ肌♥

3
リップティントを塗ってぷるんとした唇に。保湿効果が高いから唇がふっくらするよ。

すっぴんでいるよりお肌にやさしいから毎日使いたい♥

> お金をかけずに可愛くなる！

登校まえのひと手間美容テク

忙しい朝の時間もムダにしたくないよね♥

1か月に使えるお金が限られている学生は、毎日お財布とにらめっこ。そんな、学生さんのためにワンコインでできる朝の美テクをご紹介♥

※ P.112～113はすべてモデル私物。

コットンパック＆ヴァセリンでぷるぷる唇

唇を化粧水でコットンパック。水分が浸透したらヴァセリンをクルクルとなじませて、うるおいにフタをする！

レモンウォーターでビタミンCを摂取

レモンのビタミンCで体内から美白。1ℓの水にレモン1コを加えてこまめに飲もう！

オイル×めん棒で黒ずみ毛穴をクルクル♪

ベビーオイルなどを黒ずみが気になる部分になじませ、めん棒で軽くこすると汚れが浮いてくる！

日焼け止めは持ち歩いて必ず塗り直す！

2～3時間おきに塗り直す。肌にライン状に出し、左右に広げると裏側にものばしやすい。

塗り忘れやすい首や足の後ろはとくに注意★
朝塗っても汗で流れたり、服でこすれて効果が落ちるので塗り直すときはまんべんなく。

> ボディーもお肌もピカピカに磨きあげて学年のヒロインに

温→冷ブローでアイロンなしでもサラツヤ

1. ロールブラシを髪の根元にしっかりからませる。毛束は厚く取りすぎないで。
2. ブラシにドライヤーを近づけて、温風を当てながら毛先に向かってすべらせる。
3. 最後は内巻きにしながらブラシを抜く。同じ動きを冷風でもやるとツヤアップ！

仕上げにリンススプレー

水にコンディショナー数滴を混ぜ、スプレーすると広がりやパサつきを抑えてくれる♪

100均カーラーでコテなし内巻きカール

完成！

1. カーラーを真横に持ち、毛先を1周半巻きつける。毛先がからまないよう気をつけてね。
2. 全体を4〜5等分で巻いていくよ。20分ほど放置し、カーラーを外せば内巻きの完成！

イイ香りのハンドクリームを手足にON！

香水より自然に香るから、学校ではハンドクリームが◎。手足の乾燥対策と一石二鳥！

ホリ深シェーディングでハーフ顔！

シェーディングでハーフ顔に。耳下からあごまでと眉頭から小鼻にかけてサッと広げてね。

肌なじみのいいブラウンカラーでオトナ顔に。ちふれ チーク カラー（ブラシつき）740 ¥324

目元のむくみを取ってくっきりふたえ！

1. 両手の親指を眉頭の骨のくぼみに当て、上に押し上げる。目の疲れも取れる♪
2. 親指で小きざみにプッシュしながら、目尻のほうに少しずつ移動していくよ。
3. 目の下も目頭から目尻までプッシュしていく。皮膚が薄いのでやさしくやるよ。

ネイルは少しとがらせるとオトナ感♥

Before
After

丸っこい爪は幼い印象。爪の両サイドを斜めに削ってシャープに整えるとあか抜ける！

眉毛は整えすぎずパウダーでふわっと♥

1. そるのは確実にいらない上まぶたの毛のみ。眉毛の形は変えないようにしてね。
2. パウダーの濃い色で眉毛のすき間を埋める。もとの形をいかし、ナチュラルに。

チップよりブラシでのせると自然な発色。セザンヌ パウダーアイブロウR ソフトブラウン ¥486

学校メイクはチークとリップのツヤが重要！

ほおの中央にチョンとチークをつけ、指で丸く広げる。物足りないくらいでストップ！

リップを指に取り、唇にポンポンなじませる。リンカクをボカして自然な血色に見せて。

じゅわっとにじむような赤み。リップ＆チーク チェリーレッド ¥108

自然なツヤが◎。ジェルクリームチーク 1704 ネクターオレンジ ¥108

バレないギリギリまで目元を盛るのがJK流！

クラスの憧れ女子に♥

レンズのカラーは瞳の色に合わせるとバレにくい！

メイクが薄いぶん、瞳の色とズレるとカラコンが浮いちゃう！　同色をチョイスしよ。

瞳がまっ黒なコはブラック系

レヴィア ワンマンスカラーのペニーコーラル。黒フチ×ブラウングラデが自然になじむ。

瞳が明るいコはダークブラウン系

レヴィア ワンデーのサークルレンズ ブラウン。やさしいちゅるん系の瞳に♥

こっそりバレない校則すり抜けメイク

メイクやってます感はNGだけど、すっぴんだとぜんぜん盛れない…！
バレずに可愛さUPするこっそりメイクテクを教えちゃうよ。

※P.114〜115はすべてモデル私物。

清楚なナチュラルメイク HOW TO

1　粉っぽくないクッションファンデが◎！

粉っぽいとファンデ塗ってるってバレるから、クッションファンデのみで自然なツヤ肌に仕上げるよ。

エニークッション オールデイパーフェクト ベージュ ¥2376

2　コーラルチークでうっすら血色感

チークはふわっとボカせるパウダーが安心。肌になじむコーラルピンクを太めのブラシでほおの中央にON。

2色をMIXして塗る。ケイト デュアルブレンドチークス RD-1 ¥1512

3　眉毛はすき間だけを埋める！

眉毛は毛が足りない部分だけをリキッドで埋めて。地眉からハミ出さないことがバレないメイクのコツ★

ティント マイ ブロウ #1 Gray Brown ¥720

4　涙袋のハイライトで目ヂカラUP

上まぶたに右上のブラウン、涙袋に左上のハイライトを塗って、自然な立体感を出して目を強調。

ヴィセ リシェ グロッシーリッチアイズ BR-1 ¥1296

5　アイラインは目尻だけちょこん♥

全体に引くとバレるから目尻から2〜3mmだけ引く。色はブラウンがなじみやすい。

黒より自然なブラウン。ラブ・ライナー リキッド ダークブラウン ¥1728

6　ブラウンマスカラを1度塗り

マスカラも黒よりブラウンが安全。軽くビューラーして、サッと1度塗りでガマン★

メイベリン ラッシュニスタ 02 パーリーブラウン ¥1296

7　リップは透け感が大事！

ツヤツヤにするのはNG。透け感のあるグロスで軽く血色を出してみずみずしく。

立体感のあるぷるんとした唇に。ケイト CC リップオイル 01 ¥994

〝ほぼすっぴん〟だからこそ、顔のうぶ毛処理も抜かりなく！

眉間（みけん）	こめかみ	ほおの中央	口のまわり

カミソリを上から下に動かすと眉頭を不自然にそっちゃう危険が。下から上に少しずつ動かして。	こめかみは髪の毛との境目が難しいので、内側から外に向けて少しずつそってね！	ここにうぶ毛があると顔がくすんで見えちゃう。毛を逆立てるように下から上にそるとツルツルに★	いくらうぶ毛でも女子の顔にひげがあるのはNG！ 口のまわりをぐるっと1周すれば、近くで見られても安心★

美少女風 極薄メイク HOW TO

すっぴんに見せつつ美肌＆くっきりふたえに改造♥

1 コンシーラーでクマだけ消す

ファンデは使わずコンシーラーでクマだけ消去。色をのせたら指でしっかりたたき込んで素肌っぽく見せて。

ケイト スティックコンシーラー A ナチュラルベージュ ¥864

2 眉毛はパウダーで軽くなぞるだけ

もとの眉毛の形は変えずにパウダーを毛流れに合わせてひと塗り。少し濃くするだけで顔が引きしまるよ！

ブラシを使うと自然。セザンヌ パウダーアイブロウR ブラウン ¥486

3 チークはバレるからハイライトでツヤ肌に

ハイライトを太めのブラシでほおの高い部分にサッと塗るよ。ツヤが出て透明感のある肌に。

キャンメイク グロウフルールハイライター 02 ¥864

4 アイラインはまつ毛のすき間のみ！

目のキワや目尻にラインを引くとバレちゃう。まつ毛のすき間だけを埋めて目のフレームを強調！

少しずつ描くとにじみにくいよ。セザンヌ ジェルアイライナー ブラック ¥540

5 ふたえ用ライナーでパッチリ目♥

ふたえ強調用のライナーで、ふたえのシワを延長させるように2mmくらいラインを引く！

極薄ブラウンでふたえを強調。ケイト ダブルラインフェイカー LB-1 ¥1080

ふたえが強調されて目の印象がアップ！

6 まつ毛は透明マスカラでちょいカール

ビューラーはしないで根元を立ち上げるように透明マスカラを塗る。まつ毛にツヤが出てパッチリEYEに★

トリートメント効果もあり。セザンヌ クリア マスカラR ¥432

7 リップは指塗りで自然に見せる！

色つきリップは直接塗ると濃くなるので、指でポンポン塗りが◎。リンカクはラフにボカして自然に見せて。

レシピスト ほんのり色づくリップクリーム ヌードピンク ¥340

Chapter 6

「香音チャンは
みずみずしいうるおいフェイスに♥」

「ねおチャンは
メリハリ重視な血色メイク」

＼人気モデル／ 8人の コンプレックス

「生見愛瑠チャンは
甘フェイスをオトナっぽくクール寄せ！」

「筒井結愛チャンは
コントゥアリングで小顔見せ！」

「中野恵那チャンは
　小さいパーツを大きく！」

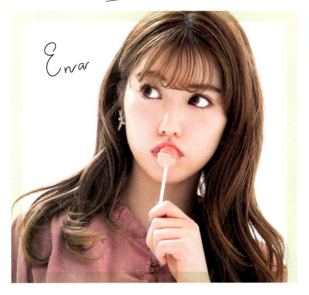

Ena

Noa

「鶴嶋乃愛チャンは
　透明感あるツヤ肌に♥」

をカバーする
セルフメイク術

人気ティーンモデル8人の、"可愛いの秘密"を大解剖。みんなそれぞれコンプレックスをメイクでカバーしてた！　そのテクを紹介するよ。
※掲載アイテムはすべてモデル私物です。

Riko

「浪花ほのかチャンは
　陰影あるホリ深フェイスに」

Honoka

「莉子チャンは
　NOT 幼な顔のリップ強調メイク」

▶▶ ねおチャンの ピンク×オレンジのヘルシーメイク

グリッターパールの輝きで
こびない女っぽさを演出❤

▶ OPEN
▶ CLOSE

▶▶▶ PROCESS

1 下地でツヤ感をアップ
うるおい力の高い下地を、顔の中心から外側に向かって全体に薄く塗り、肌質を整える。

メイクくずれしなくなる！エチュードハウス ピクニック グロウオンベース ハイドラ

2 クッションファンデをON
ほおを中心にクッションファンデを薄く塗る。まぶたやフェイスラインは極薄でOK。

ツヤ肌に仕上がる❤ ミシャ Mクッション ファンデーション モイスチャー No.21

3 幅広シャドーでデカ目に
ピンクシャドーをアイホールと目の下へやや幅広に塗る。指で塗り、ピタッと密着させて。

ムース状で肌なじみが◎。エチュードハウス ピクニック エアームースアイズ RD301

4 オレンジを重ねて立体感UP
オレンジブラウンを、3のピンクシャドーよりややせまめに重ねて、グラデにする。

透明感のあるグリッター。エチュードハウス ルックアット マイアイ ジュエル BR420

5 マスカラのW使いで盛る
2本の黒マスカラを上下のまつ毛に塗る。太く&長く、おうぎ形に広がるように重ねて。

左・パンダ目にならない。デジャヴュ ラッシュアップ Kマスカラ 右・漆黒でどんな目も盛れる。ヘレナ ラッシュ クイーン フェリン ブラック WP 01

6 目尻ラインでナチュデカ目
シャドーとマスカラを際立たせるために、目尻にだけ、横へスッとのびた細ラインを引く。

高発色の深めブラウン♪ ディーアップ シルキーリキッドアイライナー WP BRBK

7 薄色MIXで自然な血色を
オレンジと薄ピンクを混ぜ、ほお骨に丸くだ円形にのせる。ふわっと発色する程度が◎。

透け感のある血色で自然なツヤをプラス。キャンメイク グロウフルール チークス 02

8 グラデでニュアンスづけ
リップを唇からハミ出さないように塗る。内側を中心にグラデにするとヌケ感が出て◎。

うるツヤ&高発色でいい❤ エチュードハウス シャインシックリップラッカー OR202

9 鼻スジを通してメリハリを出す
ハイライトを鼻の根元から中心まで塗る。気になる部分だけに塗れば自然な鼻高に見える。

キメ細かいパールがくすみやクマを飛ばす。セザンヌ パールグロウハイライト 01

▶▶ 鶴島乃愛チャンの けだるげプラムメイク

プラムカラーのリップで
アンニュイな透明感…♡

▶OPEN
▶CLOSE

▶▶▶ PROCESS

1 ピンク系の下地で肌を均一に
顔全体にスティック下地を塗り、たたき込むようになじませる。余ったぶんでまぶたに塗る。

ピンク×白で韓国っぽ白肌に♡ ダブリューラボ 3D フェイストーンアップ スティック

2 密着させて透明感をアップ
ファンデをおでこ、鼻、ほお、唇の上、あごに少量塗り、ぬらしたスポンジでなじませる。

少量でカバー&透明感が出て厚塗りに見えない! RMK リクイドファンデーション 101

3 3の字シェードで横幅をけずる
全色を混ぜ、おでこからほお骨、ほお骨からあごまで3の字にシェーディングを入れる。

トゥークールフォースクール アートクラス バイ ロダン シェーディングマスター

4 眉は描きすぎないほうが◎
ブラシでとかして毛流れを整えてから、眉下を中心に毛の足りない部分だけに描き足す。

描き心地バツグン。エチュードハウス ドローイングアイブロウペンシル ダークブラウン

5 薄色シャドーがいまっぽい
まん中の薄色シャドーをアイホールと下まぶた全体に塗る。広範囲には指でラフに塗って。

捨て色なし! ハニーシナモン 9色アイシャドーパレット (Popteen 2019年1月号付録)

6 濃い色シャドーをラインに
細いフデにシャドーを取って、上まぶたのキワと目尻下に細く塗り、ライン代わりにする。

肌なじみがよくて使える。イニスフリー マイパレット マイ アイシャドウ マット #23

7 下め重心で気だるい感を出す
ビューラーの後マスカラを上下に塗る。下まつ毛は2度塗り&指でおさえて重心を下げる。

マジョリカマジョルカ ラッシュエキスパンダー リキッドエクステ EX BK999

8 くすみカラーを下地にする
唇の形にそってピンクベージュのリップを塗り、唇の内側を中心にピンクグロスを重ねる。

左・しっとりうるおうから下地にも◎。ランコム ラプソリュ ルージュ C343 右・高発色&色落ちしにくい♡ トーン ペタル エッセンス グロス 02

9 最後にラインでバランス調整
目の形にそって、ハネ上げアイラインを引く。最後に描いたほうが全体のバランスが整う。

ダズショップ マルチプルーフラスティングリキッドアイライナー ベーシックコレクション 03

▶▶ 生見愛瑠チャンの 赤のグラデリップで色っぽメイク

▶ OPEN

▶ CLOSE

ブラウンの囲みEYEと
セクシーな赤リップが絶妙マッチ

▶▶▶ PROCESS

1. リピ買い中のお気に入り下地
肌をワントーン明るくするために、キャンディドーパープルの下地を中心から顔全体へ薄く広げていく。

ひと塗りで白肌をつくってくれる。キャンディドール ブライトピュアベース ラベンダー

2. 色補正してからコンシーラー
クマに、コントロールカラーを3点置きして塗り、コンシーラーを重ねてなじませる。

肌悩みを解決。ボリカ 美容液カラーコンシーラー イエローグリーン＆ラベンダーピンク

3. 前髪にパウダーをON
おでこの下地が前髪についてペタンコにならないように、パウダーをおでこと前髪に塗る。

皮脂を吸収してくれるパウダー状の美容液。DHC ミネラルシルク エッセンスパウダー

4. ふたえ幅だけにシャドーを
濃いめのブラウンシャドー（右中）を上まぶたのふたえ幅に塗る。しっかり発色させてOK。

高発色で人気。エチュードハウス プレイカラーアイパレット レオパードランウェイ

5. 下まぶたもブラウンにする
4と同じ色を小指に取り、下まぶたに塗る。濃いめブラウンの涙袋で目元を引きしめて。

6. ラインは目尻だけでOK
真横に伸ばしたブラウンライナーを目尻だけに引き、ビューラーでゆるいカーブをつける。

やわらかい印象の目元に。ディーアップ シルキーリキッドアイライナー WP BRBK

7. 高めチークで可愛らしく
ほおの高い位置にチークを塗る。ブラシを使って、横長になるようにするのがポイント。

しっとりなのにサラサラ質感のダークピンク。キャンメイク パウダーチークス PW38

8. 唇の形にそって塗る
明るめの赤リップを唇の形にそって全体に塗る。リップを重ねるから、薄づきでOK。

サッとひと塗りで高発色。3CE ベルベット リップティント チャイルド ライク

9. 中央重ねでグラデリップに
暗めの赤リップを中央にのせてなじませる。ちょうどいいダークレッドになっておしゃれ。

深めの赤が映える。ミルボーテ ミルマイリトルポニー ワンダフル リップカラー #06

▶▶ 香音チャンの グリッターガーリーメイク

スモーキーピンクのキラキラが
オトナ可愛いをかなえてくれる ♥

▶ OPEN
▶ CLOSE

▶▶▶ PROCESS

1 首まで塗って境目をなくす
おでこ、ほお、鼻、あごに透明感の出るラベンダーの下地を塗り、顔全体と首までのばす。

透明感＆ちゅるんとした白肌に。キャンディドール ブライトピュアベース ラベンダー

2 ファンデは必要な部分だけ
目の下を多めに、気になるところだけにファンデを塗る。前髪で隠れるおでこは塗らない。

高保湿＆イマドキの水光肌になれるって人気♪ ブイティリアルカラーゲンファクト #21

3 2色混ぜて奥行きを出す
明るめのブラウンシャドーを2色(左上＆上中)混ぜ、上まぶた全体に、やや幅広に塗る。

ピンク系のブラウンが可愛い♪ 3CE マルチ アイカラー パレット オールナイター

4 スモーキーピンクをプラス
3色(左上＆左中＆右中)を涙袋全体に、ピンクのグリッター(右中)を下まぶたの目尻に塗る。

5 ピンクを主役にブラウンで
ブラウンライナーで、インラインと、黒目上から真横に少しハミ出した並行ラインを引く。

やさしい印象の目になる。ラブ・ライナー リキッド ケアベア™ デザイン ダークブラウン

6 ヨレないように目尻だけでOK
5のラインに重ねるように、ピンクのグリッターを黒目上から目尻をハミ出して引く。

ぜいたくな大粒グリッターで存在感アップ! ルックミー ジュエリーライナー JL03 ピンク

7 ていねいに1本1本塗る
マスカラを上下に塗る。ダマにならないように、目頭、中央、目尻と分けてていねいに。

細いブラシだから短い毛もキャッチ。3CE スーパースリムスキニーマスカラ ブラック

8 笑いながら塗ると簡単
ムース状のピンクチークを指に取り、ほお骨の高い位置に丸くポンポンたたくように塗る。

ふんわりと色づくムース状のチーク♥ エチュードハウス ジェリームースチーク PK002

9 リップを重ねてツヤ感UP
イヴ・サンローランのリップを中央ヘラフに塗り、クラランスのリップを重ねてツヤを出す。

左・美容効果の高いリップ。イヴ・サンローラン ルージュ ピュール クチュール ヴェルニ 46 右・高発色。クラランス コンフォート リップオイル 004

Kanon

▶▶ 浪花ほのかチャンの サーモンピンクで女っぽメイク

ヘルシーなピンクを主役に
ブラウンでまとめたよ

▶ OPEN

▶ CLOSE

▶▶▶ PROCESS

1 赤み対策なら迷わずグリーン

グリーンの下地をほおと鼻に塗り指でのばす。肌トーンを上げ、ハイライト効果にもなる。

赤みを消して透明感アップ。キャンディドール ブライトピュアベース ミントグリーン

2 ていねいに塗るのがコツ

コンシーラーを指に取り、クマ、小鼻、ニキビ跡に塗る。少量ずつ、広げすぎないように。

ピタッと密着してしっかりカバー！ザ・セム チップコンシーラー ナチュラルベージュ

3 お粉は薄めでツヤを残す

ほおを中心にお粉を塗る。目まわりやフェイスラインはパフに余った粉を塗る程度でOK。

キメ細かく化粧くずれしない。スリー アルティメイトダイアフェネス ルースパウダー 02

4 斜め塗りでクールな印象に

チークを耳の横からほお骨に向かって斜めに塗って、シェーディングの小顔効果も狙う。

見たまんまの発色＆パール感が強くて可愛い♥ M・A・C シアトーン ブラッシュ ピーチ

5 4色使いで自然なグラデ

明るい色から塗ってグラデにする。いちばん濃い色を目尻下にも塗って引きしめる。

簡単にグラデができる。M・A・C ミネラライズ アイシャドウ ゴールデン アワーズ

6 薄ピンクでぷっくり涙袋

明るいピンクシャドーを涙袋へやや広めに塗る。目頭からしっかり塗って、目ヂカラUP。

繊細なラメで理想の目元になれる。イニスフリー マイアイシャドウ グリッター 34

7 目尻はやや太めの細ライン

インラインを描き、目尻を、目の形にそって一度下げてからややハネ上げたラインを描く。

極細だから思いどおりにスルスル描ける。ケイト スーパーシャープライナー EX BK-1

8 まつ毛を上げてなじませる

ビューラーで上げた後、上つけまをつける。中央、目頭、目尻の順に貼るとキレイにつく。

ナチュラルな束感。ディーアップ シークレットライン リュクス ラッシュ 938

9 サーモンピンクをじか塗り

リップを唇の形にそって塗る。ヘルシーな印象を残したいから、グロスは重ねなくてOK。

ほんのり色づきガーリーに。M・A・C クリームシーン リップスティック #ラビッシング

Honoka

▶▶ 中野恵那チャンの うるツヤピンクの囲みメイク

ラメ×ツヤ×ピンクの甘めフェイスに
色っぽリップをトッピング♥

▶OPEN
▶CLOSE

▶▶▶ PROCESS

1 スポンジで厚塗り防止
ファンデを顔全体に薄く塗り、多めに水を含ませたスポンジでなじませ、ツヤ肌にする。

保湿成分配合でしっとりツヤめく肌に♥ RMK クリーミィファンデーション N 202

2 ファンデの後にツヤを足す
ツヤの出るスティックを指に取り、ほおの高い位置やCゾーンにたたき込むように塗る。

ピンクパールがくすみやクマをカバー。RMK インスタントトリートメントスティック

3 ピンクの囲みシャドーを塗る
ピンクシャドー（下中央）をまぶたの上下に塗って、目を囲む。しっかりと発色させて。

エチュードハウス プレイカラーアイパレット ランジェリーバックステージ

4 シャドーをライン代わりに
赤みブラウン（下中）を細いフデに取り、アイラインのように上まぶたのキワに塗る。

5 控えめなラメで涙袋を偽装
スティックシャドーを、目頭下から黒目下まで塗って、涙袋をぷっくり強調させる。

アイカラーにもラインにも使えるクレヨンタイプ！アンドシー アイルージュ 01

6 ビューラーをしてから
マスカラを上下にひと塗りする。シャドーを目立たせたいから、マスカラは控えめにして。

メイベリン ニューヨーク ボリューム エクスプレス ラッシュセンセーショナル 02

7 ラメ入りチークでツヤを出す
2色を指に取り、ほお高い位置に丸く塗る。ヨレないように、のばさずたたくイメージで。

肌に溶け込みジューシーな血色肌に♥ インテグレート メルティーモードチーク PK384

8 唇の山をつくると色っぽい
クレヨンリップを唇の形どおりにフチどって塗り、唇よりややオーバーめにグロスを重ねる。

左・軽いつけ心地で色長持ち♪ レブロン バーム ステイン 001
右・ぷるんとなめらかな質感が人気！アクア・アクア オーガニックシアーグロス 01

▶▶筒井結愛チャンの ダークチェリーメイク

こびない色気を出すなら深めの赤リップを選んで

▶ OPEN

▶ CLOSE

▶▶▶ PROCESS

1 トントンたたいてなじませる
毛穴を隠してくれる下地を、おでこ、ほお、鼻スジ、あごに塗り、指で毛穴にたたき込む。

ピンクベースで血色UP。サナ 毛穴パテ職人 毛穴崩れ防止下地 GS グロウスパークル

2 ほっぺの余分なお肉をけずる
フェイスラインにシェーディングを塗る。あごの骨下まで塗って首との色の差をなくして。

黄味寄りのブラウンで立体的な小顔をつくる。キャンメイク シェーディングパウダー 01

3 ぷっくりリップをつくる
ハイライトを唇の山の上にふんわり塗る。唇が立体的に見えて、ぷっくりと色っぽくなる。

繊細なパールがクマやくすみを飛ばしてくれる。セザンヌ パールグロウハイライト 01

4 パウダーのみで地眉を生かす
薄い2色を混ぜ、眉の形にそってのせる。眉山をつくりすぎず、ふわっと描くイメージで。

地眉になじむアッシュ系ブラウンの3色MIX。キャンメイク ミックスアイブロウ 03

5 ワンカラーのグラデにする
リキッドシャドーを目のキワに少量塗り、指でアイホールまでボカしてグラデにする。

水と光の粒をシェイクして使う新感覚のアイシャドー。フジコ シェイクシャドウ 02

6 目頭の輝きで透明感を出す
ラメのベージュシャドー（下の左から2番目）を涙袋に塗る。目頭を中心にキラキラさせて。

15色入りで贅沢。エチュードハウス プレイカラー アイパレット レオパードランウェイ

7 ダークチェリーで色づける
赤みがかったマスカラを下まつ毛に塗る。おしゃれ感が出るから、グッとあか抜ける♥

深めバーガンディーでオシャな目元に。メイベリン ニューヨーク スナップマスカラ 07

8 長めに引いて色みを見せる
目尻だけに長めのハミ出しラインを引いて色を見せる。目の形にそってゆるくハネ上げて。

赤み系のブラウンで女っぽさを演出♥ ラブ・ライナー リキッド バーガンディブラウン

9 暗めの赤リップで攻める
リップを唇の形にそってじか塗り。ブラウン系のダークレッドで、目元とリンクさせて。

クリーミーな質感で唇にうるおいを与える。ヴィセ アヴァン リップスティック 006

▶▶ 莉子チャンのオレンジブラウンのオトナ可愛いメイク

マットシャドーにラメをプラスして質感を楽しむ♥

▶ OPEN
▶ CLOSE

▶▶▶ PROCESS

1 パール系下地で肌を補正する
ピンク系の下地を顔全体に薄く塗り、ファンデを顔の内側を中心に塗ってなじませる。

左・ジルスチュアート ビューティ ラスティング ティント コントロール ベース 01
右・メイベリン ニューヨーク フィットミー リキッド ファンデーション 108

2 眉マスカラで印象を変える
アイブローマスカラで眉頭の毛を立たせ、眉山から眉尻まで毛流れにそってたっぷり塗る。

明るいオレンジレッド。キスミー ヘビーローテーション カラーリング アイブロウ 02

3 ワンカラーでグラデにする
濃いブラウンシャドー(下中)をアイホール全体に塗る。キワが濃くなるように調整して。

マットとラメ入り。3CE ムードレシピ マルチ アイカラー パレット オーバートーク

4 ピンクブラウンで涙袋を形成
淡いピンクブラウン(上中)を涙袋全体に塗る。ラメでキラキラさせるとぷっくりに見える。

5 ラメでポイントを加える
赤ブラウン(右下)を黒目上から目尻に塗る。外側にラメを重ねて横幅の大きな目を演出。

6 目尻ラインで引きしめる
黒目上から真横にスッとハミ出した細ラインを描く。まつ毛のすき間を埋めるような感覚で。

筆がやわらかくて描きやすい。ディーアップ シルキーリキッドアイライナー WP BK

7 マスカラは気持ち程度でOK
まつ毛をビューラーでしっかり上げ、マスカラを上下に塗る。上向きのまつ毛が盛れる♥

根元から立ち上げたカールをつくってくれる。RMK セパレートカール マスカラ N 01

8 グラデリップが色っぽい♥
リップを筆に取り唇の形にそって塗る。内側が濃くなるように、内側から先に塗ると◎。

レベルを超えたマットな質感。エチュードハウス マットシックリップラッカー PP501

❤ FASHION CREDIT

P.001
ピアス¥1090／chuu
チョーカーセット¥637、
パンプス¥3013
／ともにFOREVER21
そのほか／スタイリスト私物

P.002
トップス¥4840／
スカート¥1370／
ともにchuu
ピアス¥1069／
FOREVER21
そのほか／
スタイリスト私物

P.010
ハイネックトップス
¥2060／chuu
ジャケット(ショートパンツとセット)¥5378／ヴォルカン＆アフロダイティ渋谷109店
ピアス¥1393／
FOREVER21
そのほか／スタイリスト私物

P.012
スエット¥4150、
スカート¥4023／ともにchuu
ピアス¥540／クレアーズ
原宿駅前店
2連チョーカー¥1080／
ヴォルカン＆アフロダイティ
渋谷109店
そのほか／スタイリスト私物

P.014
ワンピース¥6930／chuu
ピアス¥1069、
バレエシューズ¥2473／
ともにFOREVER21

P.016
トップス¥2760、
パンツ¥5290／
ともにchuu
ピアス¥540／
クレアーズ 原宿駅前店
そのほか／
スタイリスト私物

P.034
Gジャン¥8532／one spo
Tシャツ¥1609／
FOREVER21
スカート¥2149／ウィゴー

P.036
シャツ¥4860／
NiCORON渋谷109店
ヘアバンド¥324／
パリスキッズ原宿本店

P.037
Tシャツ¥421／
サンキューマート
原宿竹下通り店
ヘアピン(50本セット)
¥324／パリスキッズ
原宿本店

P.042
トップス¥1199、
スカート¥2099／ともにグレイル
イヤリング¥421／
サンキューマート原宿竹下通り店

P.043
Tシャツ¥2052／イング
ショーパン¥1404／チュチュアンナ

P.048
パーカ¥2473／
FOREVER21
タンクトップ¥5292／
アンビー
ショーパン¥1404／
チュチュアンナ

P.062
トップス¥3229／ウィゴー
ショートパンツ¥7538／
エゴイスト ルミネエスト新宿店
イヤリング¥324／
パリスキッズ原宿本店

P.063
パーカ¥5389、
帽子¥2149／ともにウィゴー
ボーダーロンT¥3229／
プニュズ
パンツ¥2806／スピンズ

P.070
トップス¥1980／ハニーズ
スカート¥2700／スピーガ
渋谷109店
ピアス¥540／クレアーズ
原宿駅前店

P.070
トップス¥2484／スピーガ
渋谷109店
ピアス¥756／クレアーズ
原宿駅前店

P.070
オフショルトップス¥1620／
スピーガ渋谷109店
イヤリング¥421／サンキュー
マート原宿竹下通り店

P.071
レイヤードトップス¥2484／
スピーガ渋谷109店
イヤリング¥421／サンキュー
マート原宿竹下通り店

P.071
トップス¥1399／グレイル
キャップ¥421／サンキューマート原宿竹下通り店
ピアス¥2052／アンビー

P.071
トップス¥6372／アンビー
イヤリング¥421／サンキューマート原宿竹下通り店

P.074
ブラウス¥1499／グレイル
トップス¥1726／スピンズ
ピアス¥972／クレアーズ
原宿駅前店

P.082
キャミソール¥2060／chuu
スカート¥2265／
アイスクリーム12
イヤリング¥324／
パリスキッズ原宿本店

P.110
リボン¥324／
パリスキッズ原宿本店
そのほか／モデル私物

P.006
キャミソール¥1920／chuu
ショーパン¥1620／チュチュアンナ
スニーカ¥6264／コンバース
そのほか／スタイリスト私物

♥ SHOP LIST

FASHION

アイスクリーム12
http://jp.icecream12.com/

アンビー
☎ 03・3477・5082

イーハイフンワールドギャラリー
ルミネエスト新宿
☎ 03・6272・5235

イング
☎ 078・306・1100

ウィゴー
☎ 03・5784・5505

ヴォルカン&アフロダイティ渋谷109店
☎ 03・3447・5072

エゴイスト ルミネエスト新宿店
☎ 03・3358・3570

クレアーズ原宿駅前店
☎ 03・5785・1605

コンバースインフォメーションセンター
☎ 0120・819・217

サンキューマート原宿竹下通り店
☎ 03・3479・2664

スピーガ渋谷109店
☎ 03・3477・5076

スピンズ
☎ 0120・011・984

Chuu
http://jp.chuu.co.kr/

チュチュアンナ
☎ 0120・576・755

ディング
☎ 03・5784・5505

NiCORON渋谷109店
☎ 03・3477・5162

ハニーズ
☎ 0120・977・450

パリスキッズ原宿本店
☎ 03・6825・7650

フィラ カスタマーセンター
☎ 0120・00・8959

FOREVER21
オンラインショップカスタマーサービス
☎ 0120・421・921

プニュズ
☎ 03・5784・5505

one spo
☎ 03・3408・2771

BEAUTY

RMK Division
☎ 0120・988・271

アナ スイ コスメティックス
☎ 0120・735・559

アミジェス
☎ 0422・59・1611

(株)伊勢半
☎ 03-3262-3123

井田ラボラトリーズ
☎ 0120・44・1184

エチュードハウス
☎ 0120・964・968

エテュセ
☎ 0120・074・316

エムアンドエム
☎ 0570・020・276

花王
☎ 0120・165・692

(株)カネボウ化粧品
☎ 0120・518・520

キャンドゥ
☎ 03・5331・5500

クイーンアイズ
☎ 0120・918・459

クラブコスメチックス
☎ 0120・16・0077

コーセー
☎ 0120・526・311

資生堂 お客さま窓口
☎ 0120・81・4710

ジルスチュアート ビューティ
☎ 0120・878・652

(株)シーンズ
☎ 0800・888・7103

スキンガーデン
☎ 03・5291・1808

(株)セザンヌ化粧品
☎ 0120・55・8515

ダイワ商事
☎ 03・3531・5201

ちふれ化粧品
☎ 0120・147・420

ディーアップ
☎ 03・3479・8031

T-Garden
☎ 0120・0202・16

ドド・ジャパン
☎ 03・3833・4071

パルファン・クリスチャン・ディオール
☎ 03・3239・0618

ポール & ジョー ボーテ
☎ 0120・766・996

M・A・C
(メイクアップ アート コスメティックス)
☎ 0570・003・770

(株)ミシャジャパン
☎ 0120・348・154

明色化粧品
☎ 0120・12・4680

メイベリン ニューヨーク お客様相談室
☎ 03・6911・8585

リンメル
☎ 0120・878・653

レブロン
☎ 0120・803・117

※本書に掲載されている商品は、現在販売されていないものや、パッケージのリニューアル、製品名が変更になったものも含まれている場合があります。また、掲載商品の価格は、2019年4月現在の税込価格(8%)で計算したものになりますのでご了承ください。
記載のないものは、モデル私物、スタイリスト私物になります。

KAWAII BIBLE

Popteen 編集部（編）
2019 年 5 月 8 日　第一刷発行

発行者　　角川春樹
発行所　　角川春樹事務所
〒102-0074
東京都千代田区九段南 2-1-30　イタリア文化会館ビル 5F
電話　03・3263・7769（編集）　03・3263・5881（営業）
印刷・製本　凸版印刷株式会社

本書には月刊『Popteen』2017 年 10 月号～2019 年 3 月号に
掲載された記事を一部再編集して収録してあります。
本書を無断で複写複製することは、法律で認められた場合を除き、著作権の侵害となります。
万一、落丁乱丁のある場合は、送料小社負担でお取り替え致します。
小社宛にお送りください。定価はカバーに表示してあります。

ISBN978-4-7584-1336-7
©2019 Kadokawa Haruki Corporation Printed in japan

COVER MODEL
あさき（chuu）

MODEL
香音、東海林クレア、鈴木美羽、土屋怜菜、筒井結愛、鶴嶋乃愛、徳本夏恵、中野恵那、
浪花ほのか、生見愛瑠、ねお、平野夢来、古田愛理、莉子 (以上Popteen専属モデル)、
一ノ瀬陽鞠、田向星華、山田麗華 (以上Popteenレギュラーモデル)、
大浦央菜、楠華音、ジャスミンゆま、田口珠李、ちはる、比嘉延理、姫香、丸山蘭奈、毛利愛美

STAFF
〈カバー〉
撮影　　　　tAiki
スタイリスト　都築茉莉枝（J styles）
ヘアメイク　齊尾千明（Lila）
デザイン　　佐藤ちひろ（Flamingo Studio Inc.）

〈本文〉
撮影　　　　山下拓史、tAiki[P.1～19]
スタイリスト　都築茉莉枝（J styles）[P.1～19]、
　　　　　　tommy[P.20～21、P.36～37、P.42～43、P.48～49、P.62～63、P.70～71、
　　　　　　P.74～75、P.82～83、P.110～111]
ヘアメイク　齊尾千明(Lila)[P.1～19、P.20～21、P.36～37、P.70～71、P.74～75]
　　　　　　水流有沙(ADDICT_CASE)[P.42～43、P.48～49、P.62～63、P.82～83、P.110～111]
デザイン　　佐藤ちひろ、伏見藍、松崎裕美、西田菜々恵、関根ひかり（以上 Flamingo Studio Inc.）
編集　　　　一石沙永加、塚谷恵（Popteen編集部）
　　　　　　千木良節子[P.36～37、P.70～71、P.74～75]、
　　　　　　西野暁代[P.42～43、P.62～63、P.110～111]、
　　　　　　Sachia[P.48～49]、三谷真美[P.118～125]